1억 3천 빚쟁이가
1년 만에 억대 연봉자가 된
비법

1억 3천 빚쟁이가 1년 만에
억대 연봉자가 된 비법

초판 1쇄 인쇄 2017년 11월 05일
초판 1쇄 발행 2017년 11월 10일

지 은 이 강은영
발 행 인 인창수
펴 낸 곳 태인문화사
디 자 인 조정연

신고번호 제 10-962호(1994년 4월 12일)
주   소 서울시 마포구 독막로 28길 34
전   화 02) 704-5736
팩   스 02) 324-5736
메   일 taeinbook@naver.com

ISBN   978-89-85817-61-5 03320

이 도서의 국립중앙도서관 출판예정도서목록(CIP)은 서지정보유통지원시스템 홈페이지 (http://seoji.nl.go.kr)와
국가자료공동목록시스템(http://www.nl.go.kr/kolisnet)에서 이용하실 수 있습니다.(CIP제어번호:CIP2017027302)

1억 3천 빚쟁이가 1년 만에 억대 연봉자가 된 비법

강은영 지음

태인문화사

거인의 어깨에 올라타라

웃기는 교육생이 들어왔다. 아니다. 정확히 말하자면 8시간 교육 내내 흐느껴 울고 있었다. 2015년 1월 10일, 광주에서 진행된 셀프리더십 과정에 참여한 강은영 원장과의 첫 만남이었다.

연간 200여 회, 누적 30만 명을 교육하다 보니 다양한 사연을 가진 교육생들을 만나게 된다. 빚 1억 3천에 군 단위 시골에서 심각한 불경기에 사양사업(?)에 무경험자-5무無의 절박한 눈빛과 북받치는 눈물의 의미를 그때는 짐작도 하지 못했다.

서울에 다음 과정을 배우러 오겠다는 말이 의례적으로 들렸다. 그러나 강은영 원장은 끝까지 붙잡고 놓치 않았다. 셀프리더십 기본과정에 이어, 코치과정, 마스터과정, 독서경영 기본과정, 독서경영 리더과정, 비바코치 등 시간과 비용에 만만치 않은 과정을 치열하게 공부했고 내면화시켜 삶과 현장에 적용하기 시작했다. 그 '어메이징amazing' 하고 '미라클miracle'한 성과와 성장, 성공, 성숙의 스토리가 감동이다.

아이들 성적 올리는 것이 학원의 생리이자 정체성이다. 그 건조한 현장에서 학생들 꿈바인더를 만들고, 독서모임 짱짱나비, 교사·학부모 독서모임 베이직 나비와 청소 매뉴얼 등 각종 매뉴얼과 시스템을 만들고 교수법 표준, 교육콘서트, 학생 바인더 교육, 학부모 바인더 교육, 영문법 마인드맵 등 작은 성공의 알갱이를 모아 기적 같은 열매와 희망의 증거가 되었다.

공교육의 수명이 다 됐다고 하고, 가정이 무너지고 밥상머리 교육이 사라지고, 국가와 지자체, 종교단체조차 어렵다고 하는 영역(?) 바로 우리들의 소중한 자녀교육에 희망이자 대안이자 장차 원안교육이 될 것이다.

공부만 잘하는 학생을 넘어 꿈과 비전을 가진, 실력과 성품을 겸비한 인재를 양성하고 더불어 학부모의 멘토가 되고, 주변 지역사회를 섬기는 강은영 원장은 멋진 리더의 전형이다.

강은영 원장이 5무의 척박한 환경에서 3M정신(맨손, 맨발, 맨몸)으로 지금의 성과와 성공을 이루었다면 이 글을 읽는 독자들도 안 될 이유가 없다. 강원장의 방식으로 꿈을 이룬 수천 개의 성공사례가 이미 존재하고, 교육과 세미나뿐 아니라 독서포럼나비가 전국에 350여 개

운영되고 있다. 그곳에서도 역시 어메이징한 기적들이 진행 중에 있다.

성공의 중요한 비결은 거인의 어깨에 올라타는 것이다. 강원장의 어깨를 빌리고 장차 그 거인을 뛰어넘는 주인공이 독자 여러분들이길 소망한다. 반드시 그렇게 될 것을 확신한다.

리더십은 3I라고 한다. 먼저 나의 정체성(아이덴티티-Identity)이 바뀌고, 성실하게 지속해서(인테그리티-Integrity), 결국 영향력(인플루언스-Influence)이 증폭되는 것이다.

'내가 하는 일의 열매는 다른 사람의 나무에서 열린다'라는 말을 좋아한다. '너 위해 공부하라'고 가르치지 말고 '공부해서 남을 주자'고 하면 좋겠다.

통쾌하고 찐한 현장을 만들어 사람을 살리고 세상을 바꾸는 멋진 리더, 섬기는 리더 강은영 원장(마스터)과 여러분을 응원하고 축복한다.

3P자기경영연구소 대표
독서포럼나비 회장 **강규형**

불휘 깊은 영어가 바람에 아니 뫼도록

전라남도 화순이라는 지역을 떠올리면 중학교 1학년 지리시간에 석탄과 인삼이 이 지역을 대표하는 특산물이라고 배웠던 기억이 짙었다. 그러나 수년 전부터 화순이 내게 주는 의미는 전혀 다른 것이 되었다. 바로 이 책을 쓴 강은영 원장님이 이끄는 이보영의 토킹클럽 때문이었다.

　내가 화순을 처음 가본 것은 이보영의 토킹클럽 화순 분원이 주최한 특강 세미나 때였다. 학원 인근의 한 카페를 빌려서 개최한 세미나는 온화하고 부드러운 분위기에 중앙에 스크린을 설치했다. 주말임에도 출근하여 안팎을 오가며 이 행사를 위해 바삐 움직이고 있는 선생님들의 모습과 원장님의 반가운 함박웃음이 지금도 잊히지 않는다.

　강은영 원장님은 우리 아이들이 저 큰 세상으로 당당히 나아갈 수 있도록 이곳 화순에 다리를 놓아주는 분으로서 SNS 활동을 통해 학원생들이 어떻게 변화하고 있고, 어떻게 성장하고 있는지 잘 보여주고 있다. 또 그녀는 학원생들 한 명 한 명 동영상을 제작해서 공개하는 등 늘 변화를 꾀하는 모습을 보여주어서 전국 각지에서 이 교육사업을 함께하고 있는 다른 동료들에게 적지않은 귀감이 되고 있다.

이보영의 토킹클럽이라는 영어교육 사업은 단순히 영어로 말을 잘하는 기술을 가르치는 것 그 이상이다. 좋은 생각을 바르게 표현하며 타인의 말을 귀담아 함께 생각하는 세계인으로의 성장을 도와주자는 교육기간으로서의 깊은 책임감을 강조하고 있다. 그래서 영어실력이 자라는 만큼 아이들의 마음과 생각의 깊이 또한 한 뼘 씩 자라야 한다고 믿고 있다.

그런 의미에서 강원장님이 열정적으로 임하시는 독서모임 활동은 의미가 남다르다. 다수의 책에서 배우는 교훈과 새겨둘 명문들을 인용한 것을 보면, 그동안 강원장님이 걸어온 영어학원 사업가로서, 영어교육자로서의 발자취가 독자들의 머리속에 깊이 각인되는 듯하다.

이보영의 토킹클럽은 그저 단순히 영어 말하는 것만을 가르치는 곳이 아니다. 자신의 뜻과 생각을 예의를 갖추어 교양 있게 표현하게 하는 발판을 만드는데 도움을 주고자 함에 그 목적이 있다. 그래서 그것이 프랜차이즈화 되었을 때 프로그램 크리에이터 program creator, 즉 프로그램 기획자의 의도를 그대로 각 학원의 교실에 반영하려고 했지만 그렇게 하지 못했다. 각자 영어교육에 대한 생각과 경험이 달라 백인백색의 생각이 존재할 수 있고 본 취지와는 다르게 나름대로 다 다른 방식으로 경영하기 쉽기 때문이다.

그러나 강원장님은 이보영의 토킹클럽이 추구하고 전파하기 위해 애써온 본 교육 프로그램의 목적과 취지를 발판으로, 그 위에 자신의 지식과 경험을 토대로 한 멋진 실행 프로그램을 만들어 더 한층 훌륭한 결과를 낳았다.

이번에 내놓은 강원장님의 책《1억 3천 빚쟁이가 1년 만에 억대 연봉자가 된 비법》은 앞으로 '불휘 깊은 영어가 바람에 아니 뫼도록' 진정한 영어 실력의 깊은 뿌리를 내리는 계기가 될 것이다. 그리하여 이를 사업적으로 접근하고자 하는 분들은 물론, 자녀의 영어교육에 관심을 갖는 모든 부모님들, 무소의 뿔처럼 당당히 앞날을 헤쳐가며 인생을 씩씩하게 설계하고자 하는 이들 누구에게라도 큰 울림을 주리라 믿는다.

강은영 원장님과 함께 해온 영어교육사업의 지난 날들이 대단히 기쁘고 자랑스러우며 감사하다. 앞으로도 계속 이어질 강원장님의 발전이 궁금하고 기대되는 이유다.

이보영의 토킹클럽 이보영

머뭇거리며 주저하지 마라

바라고 꿈꾸는 일에 도전할 때, 아무런 저항 없이 순탄하게만 진행되는 삶이란 존재하지 않는다. 가로막는 벽의 크고 작음은 있을지언정, 언제나 우리 앞에는 포기와 좌절을 하게 만드는 장애물이 놓이기 마련이다.

두 종류의 사람들이 있다. 내 앞에 놓인 절망의 벽을 뛰어넘어 새로운 삶을 찾는 사람들, 그리고 그 벽 앞에 웅크리고 앉아 한숨을 쉬는 사람들.

가슴이 요동치는 책이다. 주먹이 불끈 쥐어지는 글이다. 나도 할 수 있겠다는 자신감과 용기를 불어넣어주는 든든한 내용이 가득하다. 자기계발 및 동기부여에 관한 도서에 거부반응을 가진 사람들조차 이 책을 통해 삶에 대한 도전의식을 고취할 수 있으리라 믿는다.

빚만 안은 채 시작한 사업, 저자는 돈 때문에 힘든 적은 많았지만 돈이 없다는 사실이 자신의 발목을 붙잡은 적은 한 번도 없다고 말한다. 무조건 해내야 한다는 절박함과 할 수 있다는 자신감이 저자를 가로막는 수많은 장애물을 돌파할 수 있었던 가장 강력한 무기였을 터다.

이미 포화상태였던 학원가, 자금과 경험의 절대적인 부족, 심각한 불경기, 연고도 없는 불모지, 군 단위의 시골….

제반 여건으로만 판단한다면, 결코 학원사업은 성공하지 못했어야 마땅하다. 그럼에도 불구하고 저자는 보란 듯이 연봉 1억이 넘는 10년차 학원장이란 자리를 만들어냈다. 환경과 조건을 따지며 시작도 하기 전부터 성패를 가늠하는 미적거리는 이들에게 경종을 울릴 만한 스토리다.

무조건 열심히 일하고, 앞만 보며 질주하는 것만이 성공의 요소일까? 개인적으로 이 책의 내용에 담긴 근본 메시지를 해석해본다면, 성공이란 "자신의 꿈을 향한 확고한 신념"이라 말하고 싶다.

저자는 빈털터리로 영어학원을 시작하면서도 돈을 많이 벌겠다는 욕심보다는 자신의 꿈에 초점을 맞췄다. 아이들의 영어실력을 향상시키는 것은 기본, 공교육에서 상처받고 외면당한 아이들에게 따뜻한 내 집 같은 학원과 엄마 같은 원장이 되기를 목표로 삼았다. 자신이 좋아하는 일에 대한 가치와 철학을 분명하게 세운 것이 지금의 강은영 원장을 있게 한 가장 근원적인 샘물이 아니었을까.

실수하고 실패하는 사람은 필연적으로 아픈 상처를 입게 된다. 그래서 다시 도전하고 부딪치기가 쉽지 않다. 분명한 것은, 이런 아픔과 상처가 반드시 성장의 씨앗이 된다는 사실이다. 주저앉는 순간 실패가 되지만, 다시 도전하는 순간 경험이 된다.

머뭇거리며 주저하는 사람들에게는 수많은 이유가 있지만, 돌진하고 나아가는 사람들에게는 오직 한 가지 신념과 목표가 있을 뿐이다. 우리 앞을 가로막는 모든 장애물들은 부딪치는 순간 여지없이 무너지게 되어 있다는 사실을 너무도 선명히 보여주는 책이다.

잘 할 수 있고, 하고 싶은 일을 찾아 망설이지 말고 시작하는 것! 하고 싶다는 강렬한 열망과 할 수 있다는 강력한 신념! 지극히 당연한 성공 이론임에도 불구하고 막상 실행에 옮기는 사람은 드물다. 실패에 대한 두려움이 너무 강하고, '과연 내가 할 수 있을까'라는 의구심이 가슴 속에 똬리를 틀고 앉아 있기 때문이다. 한 걸음 내딛지 못하는 가장 큰 이유가 바로 두려움과 불안함이란 사실을 인정하고 받아들여야 한다.

두려움과 불안함을 깨뜨릴 수 있는 최고의 방법이 바로 신념과 자신감이다. 내가 성취하고 싶은 일을 세상 누군가 해냈다면, 그것은 나도 반드시 해낼 수 있다는 확실한 증거가 된다.

지금 머뭇거리며 행동으로 옮기지 못하는 이들이 있다면, 이 책을 읽고 뜨거운 불꽃을 지필 수 있기를 바란다. 저지른 일보다는 하지 못했던 일에 대한 후회가 훨씬 크다는 사실을 잊지 말아야겠다.

하고 싶은 일에 대한 강렬한 열망, 할 수 있다는 자신감, 그리고 해내고야 말겠다는 절박함과 삶에 대한 의지가 그대로 전해지는 귀한 자기계발서를 만날 수 있음에 깊이 감사한다.

작가 이은대

꿈이 있다면 절대로 머뭇거리지 말고
지금 당장 시작하라!

주변의 반대를 무릅쓰고 내가 하고 싶은 일, 나를 가슴 뛰게 하는 일이라는 이유로 학원을 시작한 지 올해로 딱 10년이 되었다.

그전에는 그냥 주부로서 아이 둘을 양육하며 외벌이하는 남편의 급여로 정말이지 빠듯하게 한 달 한 달 생활을 해나갔다. 그렇게 생활에 지쳐갈 때쯤 전 직장에서 함께 근무를 했었던 언니가 토킹클럽을 시작하는 게 어떻겠냐고 권유했지만, 경제적인 여유가 없어서 감히 엄두를 내지 못했다. 그 사이 그 언니는 소위 '대박 학원장'이 되었고, 1년 후 다시 전화를 걸어와 시작해볼 것을 권유했다.

'아~! 이게 내 인생의 터닝 포인트가 될지도 몰라.' 하고 생각한 끝에 학원사업을 본격적으로 구상하기 시작했다. 그러나 그 당시 나의 현실은 너무나 열악했다.

시작할 때 무일푼, 빚만 1억 3천, 오픈하는 지역은 연고도 없는 불모지에다가 군 단위인 시골, 조건으로만 봐서는 전혀 승산이 없는 게임이었다. 하지만 하고 싶다는 강렬한 열망과 난 할 수 있다는 강한 신념으로 이 자리까지 오게 되었다.

10년 전 화순이라는 지역에서 학원을 오픈 했을 때 이미 기존의 학원은 포화상태였고, 가족은 물론 주변사람들은 과연 이 심각한 불경기에 성공할 수 있을까 의문을 제기했다. 하지만 불경기에도 맛집은 늘 웨이팅이 많고, 오히려 불경기는 그들의 성공을 부추기는 도화선임을 알기에 난 할 수 있다는 신념을 버리지 않았다. 오히려 걱정하는 그들에게 두고 보라고, 나는 반드시 성공해서 화순 최고의 영어전문학원을 만들 거라고 큰소리 쳤다.

경영을 해본 경험이라고는 작은 상가에서 1년여 공부방을 운영한 게 전부였던 나. 개원 초기부터 최고의 시설, 최고의 교육, 최고의 고객서비스를 제공하여 화순 지역에서 최고가 되어야겠다는 목표를 세웠다. 학부모가 엘리베이터를 내리는 순간부터 모든 동선을 머릿속으로 그려, 디테일하게 준비했다. 당시 화순 지역에 퍼져있던 수강료 할인, 학부모의 요구 들어주기 등에 굴하지 않고 나만의 룰을 고집하며 첫 달에 당당하게 목표하던 원생 40명을 모집했다.

가진 것이 너무 없이 시작을 해서인지, 돈 때문에 힘든 적도 많았지만 이것이 나의 발목을 잡은 적은 단 한 번도 없었다. 평소에 인맥을 중요하게 생각했고 관리해왔던 결과로 주변에 많은 분들이 도움의 손길을 펼쳐주었다.

지나온 10년을 돌이켜보니 정말 웃지 못할 만큼 힘든 시기도 있었고, 학원에 일어나는 갖가지 해프닝으로 잠 못 이루고 뒤척이는 밤도 많았다. 하지만 아이들의 해맑은 미소, 조용히 와서 내 손에 사탕을 쥐어주고 달아나는 아이들의 순박함으로 오늘까지 버텨온 것 같다. 처음에는 경험이 없어서 시행착오도 많았고, 죽을 만큼 고생도 했다. 빚으로 시작한 일이기에 실패를 하면 안 된다는 부담감이 탈모를 부르기도 했다.

발명왕 에디슨이 전구를 발명하기까지 25,000번의 실패를 했다고 한다. 주변인들이 25,000번의 실패가 얼마나 힘들었냐고 하자 그는 이

같이 말했다.

"나는 실패를 한 것이 아니라, 작동하지 않은 25,000개의 방법을 발견했을 뿐이다."

수없는 실패, 돌이켜보면 말도 안 되는 초보원장의 티를 낸 학부모 응대 등 쓴웃음 지어지는 순간이 많았다. 하지만 그런 순간이 있었기에 지금은 웬만한 일로는 스트레스를 받지도 않고, 뜬금없는 학부모의 요구도 유들유들하게 넘어갈 내면의 힘이 생겼다. 시간이 지나면서 시스템과 매뉴얼도 생겨났다. 나를 가장 힘들게 했던 교사관리도 이제는 그렇게 힘들지가 않다.

이 책은 나와 같이 학원을 운영하면서 현실의 여러 가지 문제로 힘들어하는 원장들에게 조금이나마 도움이 되고자 하는 마음으로 쓰게 되었다. 이 책에는 학원경영을 시작하고 싶지만 두려움에 엄두를 내지 못하고 있는 예비원장들에게 '자신의 꿈이 있다면 절대로 머뭇거리지 말고 지금 당장 시작하라'는 응원의 메시지가 담겨 있다. 포화 상태인 학원들 사이에서 살아남기 위해서는 '학원만의 차별화된 컬러'를 입혀야 하며, 우리 학원의 예를 들어 조금이나마 도움을 받을 수 있게 했다.

'교육은 인내의 열매'라고 생각한다. 초창기부터 참으로 다양한 성향의 아이들을 만났고, 힘들었던 순간도 많았지만 시간이 흘러 학원경영이 10년이 되다 보니 이제 내가 초창기에 뿌렸던 씨앗이 다양한 형태의 열매로 맺혀 내게로 돌아온다. 이런 열매를 볼 때마다 아이들은 정말 인내하고 기다려주면, 멋진 잠재력을 발휘하는 존재라는 것을 부정할 수가 없다.

학원사업이 아이들 실력을 높여주는 게 주 목적이긴 하지만, 그 외에도 공교육에서 상처받고 외면당하는 아이들에게 따뜻한 내 집 같은 학원, 엄마 같은 원장이 되어주는 것이 나의 목표이다. 멋진 영어실력으로 유창한 회화를 구사하는 아이들을 양성하는 것은 물론이다.

이런 마음으로 경영을 하다 보니 원생, 학부모와의 관계에 두터운 공감대가 형성되었다. 학원사업도 안정화가 되었다. 학원 안정화는 나에게 안정된 수입을 가져다주었다. 결국 '내가 잘할 수 있고, 즐겁게 할 수 있는 일을 망설이지 않고 바로 시작하는 것'이 정답이다. 가장 늦었다고 생각하는 때가 가장 빠른 때라고 하지 않는가.

지금 하고 싶은 일이 있지만, 주어진 여건 때문에 혹은 경제적인 문제 때문에 망설이고 있는 분이 있다면 한번 도전해보라. 나중 세월이 흘러 '그때 한 번 시작해볼 걸 그랬어.' 하고 말하는 날이 분명 올 것이기 때문이다.

지금 바로 시작하라!

"Just do it!"

2017년 10월

강 은 영

Contents

01   가슴 뛰는 내 꿈 앞에 포기는 없다

02 지금 그곳에서 할 수 있는 최선을 다하라

03 학원경영의 시행착오를 줄이는 방법

04 성공을 위해 학원만의 독특한 컬러를 입혀라

05 당신은 무한한 가능성을 지닌 존재다

가슴 뛰는
내 꿈 앞에
포기는 없다

01

잊을 수 없는
10년 전 그 날

참 무더웠던 어느 여름날 오후에 걸려온 전화 한 통.

"은영아 너 진짜 그러고 있을 거야?"

벌써 두 번째 전화였다. 이 전화가 내 운명을 바꿔놓을 걸 그땐 알지 못했다.

대학을 졸업하고 딱히 무언가 길을 찾지 못하고 시간을 보내고 있을 무렵, 고등학교 친구 남편이 SOS를 보내왔다. 그때 그분은 모 영어 학습지 대리점을 운영하고 있었는데 관리교사가 급하다고 도와달라고 했다. 대학 때부터 그나마 영어를 꾸준히 해왔기에 영어에 대한 두려움은 없었고, 사람들을 만나는 일도 내게는 흥미 있는 분야였기에 큰 고민 없이 그러겠다고 했다. 그렇게 24살부터 시작한 그 일을 팀장이 될 때까지 8년이나 하게 될 줄은 몰랐다. 그때는 잠깐 직업을 찾기 전에 용돈도 벌고 스쳐가는 직장이 될 거라 생각했는데, 결혼을 하고 나서 큰아이를 임신하고 운전석에 앉으면 배가 핸들에 닿았던 8개월까지 일을 했다.

아이를 출산하면서 아이의 육아는 엄마가 직접 해야 한다는 생각으로 전업주부가 되었다. 큰아이를 낳고 3년 터울로 둘째 아이를 낳다 보니 일을 한다는 건 꿈도 꾸기 힘든 일이었다. 매일매일 육아에 지쳐 있을 어느 날 지금은 전주에서 학원으로 성공한 조금자 원장이 전화를 했다.

"나는 이보영 토킹클럽을 하기로 했는데, 너도 해봐라. 너 그러고 있기는 너무 아까워."

"그래? 자금이 얼마나 필요한데?"

"1억."

"1억? 에이, 언니 내가 그런 돈이 어디 있어. 나는 힘들겠다. 언니 열심히 해봐. 잘됐으면 좋겠네."

첫 번째 전화는 그렇게 끝났다.

외벌이하는 남편의 수입으로 두 아이를 양육하자니 점점 빠듯해지는 살림은 어쩔 수 없었다. 그래서 둘째 아이가 18개월일 때 아파트 상가 2층에 조그맣게 공부방을 오픈하게 되었다. 수입이 그리 많은 편은 아니었지만, 추가 수입도 생겼고 퇴근도 그리 늦은 편은 아니어서 나름대로 만족스럽게 운영을 하고 있었다. 1년 정도 공부방을 하고 있을 때 조금자 원장이 두 번째 전화를 했다.

"너는 더 잘할 수 있을 건데 왜 그러고 있어. 한번 도전해봐. 진짜 네가 그러고 있는 게 아까워서 그래. 내 말 그냥 흘리지 말고 꼭 심사숙고 해봐."

전화를 끊고 나니 이상하게도 첫 번째 전화를 받았을 때와는 생각이 달랐다. 첫 번째는 내 형편에 1억이라니, 이건 말도 안 되는 일이려니 생각을 했는데, 두 번이나 전화를 받고 보니 정체모를 생각이 스멀스멀 올라왔다.

'그래. 내가 평생 이렇게만 살라는 법은 없어. 이게 하늘이 준 기회일 수도 있잖아.'

그날 밤 남편에게 얘기를 꺼냈다. 남편은 우리에게 그렇게 큰돈이 어디 있냐며 힘들지 않겠냐고 이야기를 했다. 하지만 나는 끝까지 설득했다.

"이게 하늘이 우리에게 준 기회일 수도 있잖아. 우리 인생의 터닝 포인트가 될 수도 있어. 당신 월급으로 매월 빠듯하게 우리 네 식구 살아가고 있는데, 내가 아무래도 거들면 당신도 어깨가 훨씬 가벼워질 거 아냐. 우리 가정경제도 좋을 거고."

"그건 그렇지만 워낙 우리가 가진 돈이 없는데 그게 가능할까."

"뜻이 있으면 길이 있다고 하잖아. 우리가 하고 싶은 마음만 있으면 반드시 길은 열릴 거야."

남편은 원래 내가 하고 싶어 하는 일에 심하게 반대하지 않은 사람이기에 내 말에 동의했다.

"그럼 당신이 잘 알아서 결정해."

사람은 목표가 선명해지면 자연스레 목표를 향해서 움직인다. 33살 때부터 새벽예배를 시작하긴 했지만, 내가 기도할 제목이 생기니 새벽에 눈이 저절로 떠졌다. 육아에 하루 종일 시달리고, 자는 중간 중간 둘째가 깨기도 해서 늘 잠이 부족했지만, 내가 하고 싶은 일 성취하고 싶은 목표가 생기니 새벽기도를 쉴 수가 없었다. 새벽마다 간절히 부르짖었다.

'이 일이 그저 인간된 나의 욕심인지 아니면 하나님의 뜻인지를 알게 해주세요.'

40일 동안 뜨겁게 기도할 때마다 하나님은 매일 축복의 말씀을 주셨고, 40일 기도가 끝난 후 나는 드디어 마음을 정할 수가 있었다.

나는 원래 결정을 내리기까지는 심사숙고를 하지만, 마음이 정해지면 절대 뒤를 돌아보지 않는다. 그저 앞으로만 무섭게 돌진한다. 결정을 했기에 광주 전남지사에 곧장 전화를 해서, 가맹문의를 위한 약속 시간을 잡았다. 가맹비, 인테리어, 온갖 집기까지 견적을 대충 냈는데도 정말 1억 정도가 나왔다. 가장 많이 비용이 발생되는 부분이 인테리어였는데, 본사에서 지정해준 업체가 직접 인테리어를 한다고 했다. 이

부분이 그래도 비용을 절감할 수 있는 부분이라고 생각이 들어서 지사장님께 개인적으로 인테리어를 하면 안 되겠냐고 했다. 지사장님은 힘들겠다고 하셨다.

그때의 절망감이란…. 하지만 안 될 일은 빨리 포기해야 자신에게 이롭다. 일단 인테리어를 개인적으로 하겠다는 것은 거절을 당했으니 그럼 며칠을 생각할 기한을 달라고 했다. 그러시라고 지사장님은 얘기했다. 그날 밤, 남편에게 지사에서 상담한 내용을 다시 나눴다. 남편은 요즘처럼 경기도 안 좋은데 1억이라는 돈을 투자해서 과연 승산이 있을까 싶다고 했다.

나는 걱정하는 남편을 안심시켰다.

"열심히 하면 반드시 좋은 성과가 있을 거니 걱정하지 마. 그럴 일은 없겠지만, 학원이 망하면 내가 강사로 뛰어서라도 빚 다 갚을게. 나 어디가면 급여 많이 받을 수 있어."

"당신이라는 사람은 하고 싶은 일을 말린다고 안 할 사람도 아니니, 그럼 내가 도울 수 있는 건 최대한 도울 테니 열심히 해봐."

이제 남편의 허락도 떨어졌고, 주사위는 던져졌다. 사실 그때까지만 해도 나의 생각은 아주 단순했다. 서울에서 감정평가사였던 오빠의 마이너스 통장이 2억까지 가능하다는 말을 듣고, 오빠에게 1억 3천을 빌려서 돈을 벌어 갚아나가면 되지 않을까 했다. 지사장 면담이 끝나고 오빠에게 전화를 걸어서 설명을 했다.

"내가 영어학원을 오픈하고 싶은데 오빠가 마이너스 통장에서 빌려주면 내가 매달 돈을 벌어서 갚을게."

그런데 이게 웬일, 내 말이 떨어지자마자 오빠는 단번에 거절했다. 오빠의 친구도 북광주에서 꽤 큰 규모의 영어유치원을 오픈했었는데, 불경기에 결국 문을 닫았다고 하면서 여유자금도 없고, 큰 학원을 경영한 경험도 없는 너는 100프로 실패할 거라고 했다.

내가 아무리 자신 있다고 해도 오빠는 가진 돈이 하나도 없는 상태에서 1억 이상의 빚을 내서 하는 것은 무리라며 빌려줄 수 없다고 했다. 특히 화순이라는 그 시골에서 그런 브랜드가 승산이 있겠냐며 포기하라고 했다.

그 순간 깨달았다. 내가 얼마나 단순하고 순진한 생각을 하고 있었는지. 세상물정도 모르고 모든 일을 단순하게 간단하게 생각하는 나. 그게 당시의 내 모습이었다. 지금 생각하면 순진하기만 했던 내 모습에 미소가 지어진다. 오빠에 대해 서운한 마음이 없진 않았지만 이해는 됐다. 객관적으로 보면 빈털터리에다가 경험도 없는 나에게 1억이 넘는 큰돈을 투자하는 건 확실히 무리라는 생각이 들었기 때문이다.

이제부터 1억 3천이라는 자금을 어디서 구해올 건지 생각을 해야 했다. 비록 오빠한테 돈은 못 빌렸어도 깨달음을 얻었으면 그것으로 성공 아닌가.

당장 눈앞의 이익에
급급해하지 마라

학원을 시작할 때 어느 지역에다 학원을 오픈해야 할지 선정하는 것은 매우 중요하다. 지역마다 선호하는 브랜드가 다르고, 교육열이나 분위기가 다 다르기 때문이다. 결국은 원생 모집이 중요하기에 상권분석도 매우 중요한 부분이다. 가맹을 위한 지역을 결정해야 했는데, 남아있는 지역권을 놓고 고민하다가 결국 전남 화순을 선택했다.

신혼시절 3년 동안 살긴 했지만, 늘 낯설고 탈출하고만 싶었던 화순. 저녁에 광주에서 일을 마치면 화순까지 운전을 해서 가야했는데, 사실 거리는 2-30분밖에 되지 않았다. 하지만 광주와 화순의 경계에 있는 너릿재라는 터널을 넘어가는 것이 내게는 끔찍하리만큼 싫었다.

광주에서 오랫동안 살았고, 가족과 친한 친구들이 모두 광주에 있어서 '어떻게 하면 광주로 집을 구해서 나가 볼까?' 늘 고민했지만 광주와 화순의 집값이 너무 차이가 심해서 쉽게 길이 보이지 않았다. 임신 8개월 때 일을 그만두었다. 출산할 때까지 매일 아침 남편을 출근시키고, 집안일을 마치고 나면 무거웠던 몸을 이끌고 부리나케 광주 가는 버스에 올랐다. 화순이라는 곳에 한 시간도 혼자 있기 싫어서였다.

아침 일찍 광주로 나가서 시간을 보내다가, 남편이 퇴근 할 때쯤 되면 떨어지지 않는 발걸음으로 집으로 향했다. 때로는 퇴근하는 남편을 기다렸다가 함께 집으로 돌아오는 날도 많았다. 그렇게 첫아이를 낳고, 둘째를 낳은 직후 남편에게 도저히 화순에서는 외로워서 살기 힘들다고, 이러다간 산후우울증이 올 것 같다고 하소연하듯이 졸라서 광주로 이사를 했다. 그렇게 싫었던 화순인데, 학원을 오픈하면서 다시 들어갈 줄이야. 정말 인생은 아이러니했다.

화순에 학원을 오픈하기 위해 다시 광주 집을 정리하고 화순으로 가야해서 본격적인 계산을 시작했다. 결혼을 할 때도 양가 부모의 도움 없이 했기에 집을 구할 때부터 전세자금 대출을 받았다. 그후 광주로 이사하면서 추가로 대출을 더 받아 집을 얻었다. 당시 나는 전세 5천만 원짜리 24평 아파트에 살고 있었는데 전세자금 대출에, 5년 동안 외벌이로 생활을 하면서 더해진 빚에, 이것저것이 합해져서 계산을 해보니 대출을 상환하고 나면 남는 게 500만 원밖에 되지 않았다. 실없는 웃음이 나왔다.

학원 오픈까지 최소 자금이 1억, 화순의 조그만 아파트를 구하려면 3천, 총 1억 3천이 필요한데 가진 돈은 딸랑 5백만 원이라니 주변에서 반대를 하는 것은 당연했다. 하지만 내 생각은 달랐다. 사람이 가진 게 많으면 두려움이 많아지고, 그것을 잃지 않을까, 어떻게 지켜낼까 하는 생각에 마음이 불편해진다고 한다.

그러니 가진 게 없는 나는 마음이 너무 편안했다. 이제 나는 전진해 야할 목표가 있고, 최선을 다하는 일만 남았다. 남은 5백만 원도 비슷한 시기에 교회를 개척하게 된 큰아주버님 교회에 헌금을 해버렸다. 주변 사람들은 이해하기 힘들다는 반응이었다. 한 푼이라도 모아야 할 판에 오히려 다 헌금을 하다니. 내가 좀 독특한 생각을 하긴 하나 보다. 나는 어차피 빚을 얻어야하니 5백만 원 더 빚을 얹은들 뭔 차이가 있을 까 싶었다.

세상에는 내가 해결할 수 있는 근심이 하나도 없다고 한다. 해결될 일은 내가 걱정하지 않아도 해결이 되고, 해결이 되지 않을 일은 내가 걱정을 해도 해결이 되지 않으니 말이다. 지금은 웬만한 일에는 스트레스를 받지 않으려고 하고, 스트레스를 이기는 데는 이골이 났지만, 그 당시는 나이도 많지 않은데다가 경험이 전혀 없었기 때문에 정말이지 앞이 캄캄했다. 어디서 어떻게 시작을 해야 할지 막막했다. 누가 알아서 일을 다 처리해주고 나한테 돈만 좀 구해 오라고만 해도 좋을 텐데, 처음부터 끝까지 모든 것을 내가 결정해야 하고 책임져야 하는 그 상황이 힘들었다. 하지만 내일은 내일의 태양이 뜬다고 하지 않든가. 지금은 힘들지만 반드시 좋은 날이 오리라 확신했다. 그리고 무엇보다도 내가 하고 싶어 했던 일을 시작하는 것이니 참고 견디어냈다.

우선순위를 생각하며 학원 오픈을 위한 to-do list를 만들었다. 할 일은 또 왜 그렇게 많은지. 학원 건물도 구하러 다녀야 하고 지사장님과 틈틈이 만나서 진행 상황을 보고하고 점검도 받아야지, 오후에는 어린이집에서 돌아오는 두 아이도 받아야하고 정말 하루가 정신없이 지나갔다.

학원 건물을 알아봐야 했다. 아이들을 재우고 지역의 부동산 정보가 실려있는 사랑방신문에서 보증금과 월세를 보고 눈에 들어오는 건물을 체크했다. 마침 적당한 건물이 있어 아침에 전화를 했더니 건물주 목소리도 너무 부드럽고, 지금 공사 마무리 단계니 직접 가서 보고 맘에 들면 전화를 다시 주라고 하였다. 큰길에서 조금은 떨어져 있었지만, 건물도 신축인데다 위치도 적당하고 해서 그 자리에서 건물주에게 전화를 했다. 다만 80평이라는 규모가 너무 크니 혹시 절반만 써도 되냐고 여쭸더니 흔쾌히 그래도 된다고 해서, 그럼 내가 계약하겠다고 며칠 후에 만나자고 했다. 그분이 어디 사냐고 물어보기에 광주 운림동에 산다고 하니, 알았다고 그때 보자고 하고 전화를 끊었다.

이제 건물도 해결됐고 건물주를 만나서 계약하는 일만 남았다. 약속이 되어있던 날 다시 건물주에게 전화를 했다.

"그때 학원 보고 전화했던 사람입니다. 어디서 뵐까요?"

건물주는 깜짝 놀라며 말했다.

"계약했지 않았어요?"

"무슨 말씀이세요. 저랑 오늘 만나서 계약하기로 했잖아요."

그랬더니, 어제 전화로 건물을 계약하고 싶다고 해서 어디 사는 분이냐고 물었더니 운림동 산다고 해서 난줄 알고 계약을 이미 했다는 거다. 게다가 전에 전화로 여유가 없다고 해서 월세도 엄청 저렴하게 책정해주었다고 하는 것이었다.

세상에 이런 일이! 그때 알았다. 내가 얼마나 세상의 이치에 문외한인지. 이름이라도 정확이 말했더라면 건물주가 그렇게 계약을 하지 않았을 텐데. 세상을 야무지게 살아가는 또 하나의 방법을 알게 된 순간이었다.

다시 건물을 알아봐야했다. 이번에는 지역 신문이 아닌 부동산을 직접 찾아갔다. 여기저기 다녀보니까 조금은 허름해서 그렇지 월세가 싼 건물도 많았다. 하지만 그런 공간에서는 '내가 내 아이를 보낼 학원을 선택한다면 과연 어떤 곳을 선택할 것인가?'를 생각해보았다. 나는 두 딸아이의 엄마였기 때문에 일단은 건물 분위기가 밝았으면 좋겠다는 생각이 들었고, 기왕이면 깨끗한 공간이었으면 좋겠다는 생각을 했다.

그래서 그 당시에 가장 월세가 비싸긴 했지만 화순 번화가 큰길가에 위치해 있는 지금의 학원 자리를 선택하게 되었다. 신축 건물이라서 깨끗하기도 했고, 남향이라 환해서 아이들이 엘리베이터로 이동하는 동선도 안전했다. 무엇보다도 모든 공간에서 통풍이 가능해 환기가 잘 될 수 있는 것이 매력적이었다.

처음 봤던 건물의 학원 자리는 지금 학원의 2배 크기이면서도 월세는 훨씬 더 저렴했다. 그래서 자본이 없이 시작한 나로서는 그 건물을 선택하는 게 맞았다. 하지만 화순 지역에서 가장 좋은 환경과 가장 좋은 인테리어, 가장 좋은 교육 서비스를 제공해주고 싶은 내 욕심에 덜컥 신축 건물주와 계약을 체결하고 말았다. 내 형편을 고려한다면 당연히 저렴한 곳에 학원을 오픈하는 게 맞겠지만 그러기 싫었다. 나중에 후회할 일을 저지르고 싶지 않았으니까.

힘들 때 발휘된
인맥의 힘

지사와 가맹을 맺었다. 기동성을 높이기 위해서는 화순으로 이사를 해야만 했다. 그런데 마땅히 가진 돈은 없고 고민을 하고 있던 어느 날 친정엄마께서 전화를 하셨다. 가진 것 하나 없는 둘째 딸이 큰돈을 빚을 내서 학원을 시작한다하니 걱정도 되고, 집은 구했는지 얼마나 진행이 되고 있는지 궁금하셨나 보다.

그래서 지사랑 가맹도 했고, 인테리어도 곧 시작한다고 말씀드렸다. 가맹비랑은 어떻게 마련했냐고 이것저것 물으시더니 통화 끝에 그렇잖아도 빚이 가득인데, 집까지 월세로 구하면 어떻게 매달 이자를 감당하겠냐 하셨다. "엄마 걱정마. 어떻게 되겠지. 나 잘할 거야." 했더니 엄마는 은행에 모아둔 3천만 원을 빌려줄 테니 그걸로 전세를 구해보라고 하셨다.

처음에는 거절했다. 나이가 들수록 현금이 힘이 되고, 계좌에 있는 잔고를 보면 배가 부르다는 주위 어르신들의 말씀이 생각났다. 그런데 엄마는 어린 두 손녀를 걱정하셨다.

"너희 둘은 너희들이 선택한 걸로 고생하고 견딜 수 있지만, 애들은 뭔 죄니, 그 애들이 불쌍하지도 않니."

순간 눈물이 핑 돌았다. '나는 늘 엄마에게 걱정을 끼치는 딸이구나.' 서울에서 감정평가사로 성공해 강남에 살고 있는 오빠, 개미처럼 알뜰살뜰 아끼고 모아서 경제적으로 탄탄한 기반을 갖춘 언니에 비하면 엄마에게 나는 언제나 아픈 손가락, 맘이 놓이지 않는 딸이었다. 엄마는 늘 날 불쌍히 여겼다. 무언가를 줄 때도 늘 가진 것 없이 아이들 데리고 고생한다며 언니보다 더 많이 챙겨주었다. 가끔은 언니가 투정처럼 "엄마는 은영이만 이뻐 해. 차별한다고 하면, "너는 이미 기반을 잡았지만 저건 애들 데리고 저렇게 사는 게 짠해. 그래서 그런다"고 말씀하셨다.

어릴 때부터 아주 부자는 아니었지만, 한순간도 돈에 대해 궁핍하게 살아보지를 않았던 둘째 딸. 24살 때 이미 자가용을 뽑아서 타고 다니며, 월급 받으면 쓰고 싶은 만큼 쓰고도 백만 원씩 저축하며 살던 딸이 결혼하면서부터 자기 집 한 칸도 마련하지 못하고 빚을 떠안고, 여기저기 아이 둘을 데리고 이사 다니며 힘들게 사는 것을 지켜보는 마음이 참 힘드셨을 거다.

미안하기도 하지만 돈이 급하기도 했던 차라 "엄마, 그럼 내가 잘돼서 이 돈 꼭 갚을 게. 그리고 이자까지 쳐서 반드시 내가 갚아줄게." 하고 말하자 엄마는 "그래, 꼭 잘돼라. 그리고 이 돈은 네가 이자내야 하는 빚을 다 갚고 난 후 가장 마지막에 갚아라." 하고 말씀하셨다.

이렇게 또 엄마가 도와주신 돈으로 화순에서 많이 낡지 않은 20평 임대아파트를 월세 없이 구했다. 용기 있게 학원을 하겠다고 선포를 하고 시작을 하긴 했지만, 걱정이 안 되었다고 하면 거짓말이었다. 이사를 하면서 발생했던 이사비용부터 모든 것이 빚으로 누적되고 있는 현실이었으니, 사실 막막하고 잠이 잘 안 왔다.

인테리어는 곧 시작을 할 건데 그 돈은 어디서 구하며, 집기와 난방기, 책걸상 구입 등 굵직하게 돈 쓸 일이 줄을 서 있는데, 이 많은 돈을 어디서 끌어오나 점점 생각이 많아지고 겁이 났다. 새벽까지 잠을 못자고 뒤척이는 날이 많아졌다. 남들은 어느 정도 필요자금을 파악하고, 예비비까지 준비해서 학원창업을 시작하는데, 지금 생각하면 오직 하고 싶다는 열정 하나로 불나방처럼 뛰어든 내 모습은 정말이지 웃음이 나올 정도로 무모했다.

시작도 하기 전에 낙심하고 앉아 있을 수만은 없었다. 시작하기로 했으니 당장 발로 뛰어야했다. 일단 필요한 1억 3천만 원 중 남편의 공제회에서 5천만 원을 대출해서 가맹비 등은 해결했고, 이제 나머지 8

천만 원을 만들어야 하는데, 말이 쉬워 8천만 원이지 내게는 상당히 큰 액수였다.

그 당시 살던 전세아파트가 5천만 원이었으니 그렇지 않겠는가.

매일 새벽마다 나를 도와줄 수 있는 사람을 붙여주시라고 간절히 기도했다. 공사기간은 3주 정도 소요되었기에, 공사비를 지불하기까지 시간을 벌 수 있었다. 먼저 생각나는 대로 친한 친구에게 전화를 했다. 친구는 너를 잘 알고 도와주고는 싶지만 얼마 전에 집을 대출로 새로 구입해서 여력이 없다고 했고, 제법 잘 사는 언니는 자신이 돈 관리를 하지 않기에 도와주고 싶지만 도와줄 수가 없다고 미안하다고 했다. 지금은 인맥도 그때보다 훨씬 넓어졌고 연륜이 가져다준 뻔뻔함도 더해졌지만, 36살 인생의 쓴 경험이 전혀 없던 나는 더 이상 전화를 할 수가 없었다.

매일 새벽기도를 하고 교회 지인들과 기도 제목을 나누다보니, 몇몇 분들은 늘 응원을 보내주시곤 했다.

"무일푼으로 시작한 네가 학원을 열고, 성공하면 우리에게도 큰 간증이 될 거야. 지켜보고 있으니 꼭 멋지게 해내라."

그러던 어느 날 교회에서 알고 지내는 동생이 전화가 왔다. 자기가 개설해놓은 마이너스 통장이 있다고, 급한 거 같으니 일단 거기서 2천만 원을 쓰고 갚을 수 있을 때 갚아달라고 했다. "이렇게 큰 돈을 뭘 믿고 내게 빌려주냐?"고 물었더니, "오랫동안 언니를 지켜봐서 돈 가지고 실수하지 않을 거라는 걸 알아. 언니는 줄 돈도 빨리 주고, 받을 돈도 빨리 받아야하는 사람이잖아. 많이 언니를 도와주고 싶지만 나도 형편이 넉넉하지가 못해서 이것밖에 못 도와줄 것 같아."

처음으로 내게 온 도움의 손길이었다. 너무나 감사했다. 내가 언제 이 돈을 갚을지도 모르는데, 나를 이토록 신뢰해주고 저 큰돈을 빌려주다니. 동생도 이제 신혼생활을 시작한지라 저 돈이 그 동생에게는 얼마나 큰돈인 줄을 알기에 더욱 미안하면서도 고마웠다. 정말 고맙다고 잘 쓰고 상황이 되는대로 갚아준다고 말하고 감사히 받았다.

그 후에도 아는 동생이 자기 돈은 가장 나중에 갚아도 된다며 이자도 받지 않고 돈을 빌려주는 등 감사한 순간들이 많았다. 사람이 좋고 사람을 재산으로 알았던 나에게 인맥들이 큰 힘을 발휘해주는 순간이었다. 흔히들 사회에서는 진정한 친구를 사귀기 힘들다고 한다. 사람들이 학창시절과는 달라서 관계를 맺을 때, 무언가 자신에게 더 유리한 것을 찾고 계산을 하기 때문이란다. 하지만 나는 그 말에 전적으로 동의하지 않는다.

여기 내가 좋아하고 되뇌이는 중용 23장을 소개한다.

"작은 일도 무시하지 않고 최선을 다해야 한다.

작은 일에도 최선을 다하면 정성스럽게 된다.

정성스럽게 되면 겉에 배어나오고

겉에 배어 나오면 겉으로 드러나고

겉으로 드러나면 이내 밝아지고

밝아지면 남을 감동시키고

남을 감동시키면 이내 변하게 되고

변하면 생육된다.

그러니 오직 세상에서 지극히 정성을 다하는

사람만이 나와 세상을 변하게 할 수 있는 것이다.”

사람과의 관계 맺음에서 아주 작은 것이라도 최선과 정성을 다한다면, 사회에서도 진정 마음을 나눌만한 귀한 만남을 이룰 수 있다는 걸 경험했고 지금도 믿는다.

때에 맞는 말 한 마디가
천 냥 빚을 갚는다

건물주와 계약을 체결하고 나니 학원 인테리어 설계를 해야 했다. 인테리어 사장님과 약속을 정하고 만나기로 한 날, 약속 시간보다 일찍 도착해서 기다리고 있었다. 잠시 후 손에 다이어리를 든 피부가 까무잡잡하고 키가 아담한 남자분이 오셨다. 생각보다 젊으신 분이었는데 자신도 이제까지 인테리어 회사에서 일을 하다가 독립한 지 몇 년 되지 않았다고 하셨다. 내 형편을 사실대로 말씀드리고 도움을 요청했다.

"제가 가진 게 없는데, 영어학원을 꼭 오픈해서 이 화순에서 최고의 학원을 만들고 싶어요. 저도 사장님께 넉넉하게 챙겨드리고 싶은데, 사정이 여의치가 않으니 싸게 해달란 소리는 하지 않을게요. 너무 많이 남기지만 말아주세요."

자기도 직원으로 근무하다 독립해서 그 맘 잘 안다고 일단은 잘 알 겠다고 그래도 기분 좋게 말씀해주셨다. 무작정 싸게 해달라고 하면, 싸구려 자재를 사용해서 건강에 안 좋을 수도 있고, 비용을 고려하다 보면 내 맘에 들지 않는 인테리어가 될지도 모른다는 생각이었다.

학원 현장을 함께 둘러보고 실측을 하신 후 개인적으로 바라는 인 테리어 방향이 있냐고 물으셨다. 나는 화순에서 가장 쾌적하고 세련된 인테리어를 해달라고 했다. 반드시 화순에서 영어학원으로 톱이 될 테 니 인테리어도 화순 최고가 돼야 하지 않겠냐고 했다.

그래서 먼저 밖에 있는 화장실을 안으로 들이면 좋겠다고 했다. 학원 밖에 화장실을 그대로 두고 인테리어를 하면 공사비가 훨씬 저렴해질 수 있었다. 하지만 두 딸아이의 엄마였던 나로서는 혹시 일어날 줄 모 르는 성범죄에 딸 가진 학부모들이 불안해질 수도 있겠다 싶었다.

지금도 학원을 찾아오신 딸 가진 어머니들은 '아무래도 학원 밖에 화장실이 있으면 외부인들도 출입을 하고, 담배 냄새가 나기도 한다'고 하며 너무 좋아하신다.

얼마 후 인테리어 사장님이 설계를 해서 도면도 보여주시고, 같이 현장에 가서 이것저것 설명을 친절하게 해주셨지만 사실 하나도 이해 할 수가 없었다. 머릿속에 그림도 전혀 그려지지 않았다. 그냥 그분을 믿고 잘해달라고 맡기는 수밖에 없었다.

지금 학원이 실평수가 45평 정도고, 본사에서 제시한 인테리어 가격이 평당 100만 원 정도였으니 인테리어 비용만 4천 5백만 원, 게다가 신발장이며 여러 가지 수납도구들을 몇 개 더 추가하면 5천만 원이 넘어갈 건 당연했다. 게다가 화장실 공사를 추가해서 훨씬 예산을 넘어가겠지만 기왕 시작한 공사를 대충하고 싶지는 않았다. 최고의 시설과 환경, 실력을 갖춘 학원으로 아이들이 즐거움과 안락함을 느끼는 공간을 만들고 싶었다.

공사는 시작되었다. 화순으로 이사도 했기에 매일 공사현장을 방문했다. 내가 그분들을 도울 수 있는 건 없었지만, 매일 공사하시는 분들께 피로회복제나 간단히 드실 수 있는 간식거리를 사다 드렸다. 정말 수고하신다고 감사하다는 인사도 잊지 않았다. 내가 현장에 있는 것이 그분들께는 거치적거릴 수도 있어서 아침에 10분 정도 현장을 보고, 이야기를 나누고 돌아왔다.

인테리어를 어느 정도 마감하면 냉온방기도 설치를 해야 해서 지사에서 연결시켜준 사장님을 만났다. 냉·온방이 같이 되는 기기를 선택하다 보니 견적이 천만 원 가까이 되었다. 그 분야에 대해 잘 알지도 못하는 나는 그저 사장님께 잘 부탁드린다며 내 진심만을 전달했다. 지금도 그게 비싸게 했는지 싸게 했는지 확인할 방법은 없지만, 그 당시 말씀이라도 따뜻하게 해주시고 격려하는 말씀을 해주셨던 게 내게 큰 힘이 되었다.

그걸로 되었다. 천만 원 결제를 당장 해드려야 하는데 가진 돈이 없어서, 죄송하지만 설치한 후에 드리면 안 되겠냐고 했더니 흔쾌히 그렇게 해주시겠다고 했다. 아직 결제하지 않은 인테리어 공사비와 냉난방기까지 6천만 원을 결제해야 했다. 지인이 아마도 소상공인을 위한 대출이 가능할 거라고 해서, 희망을 가지고 문의를 해봤는데, 심사도 학원이 오픈을 했을 때 가능하다고 했다. 정말 산 넘어 산이었다. 방법이 보이나 싶으면 좌절되고, 다시 좌절되고 낙심되는 날이 너무 많았다.

고민 중이던 어느 날 녹동에 살고 계시는 작은어머니께서 전화를 하셨다. 사촌동생으로부터 나의 사정 얘기를 듣고 어떻게 진행하고 있는지 궁금해서 전화를 걸었다고 하셨다. 나는 사실대로 이야기를 하고, 소상공인대출을 기대하고 있었는데 그것도 힘들어졌다고 했더니 작은어머니는 그 대출이 확실히 되긴 하냐고 했다. 확실한 거라 말씀드렸더니 그럼 빌려줄 테니 그 대출이 나오면 꼭 갚아주라고 하시며, 3천만 원을 입금해주셨다. 정말 감사하다는 말뿐 뭐라고 말을 이을 수가 없었다. 작은어머니의 도움으로 무사히 공사를 마무리 짓고, 책걸상 등 집기도 해결할 수 있었다. 이렇게 또 하나의 큰 산을 넘었다.

3주 정도 소요되어 공사는 매우 흡족하게 끝났다. 그 당시 화순에서는 전혀 볼 수 없었던 주황, 녹색을 주 컬러로 사용하여 매우 안락하고 생기발랄한 학원이 되었다. 화순 최고의 학원으로 만들고 싶었던 나에게도 매우 맘에 드는 학원의 이미지였다.

공사가 완성되고 나서 인테리어 사장님이 이야기를 해주신 거지만,

학원 공사를 여러 번 해봤는데 나 같은 원장은 처음이었단다. 대부분은 공사를 시작하면 완성될 때까지는 한 번도 오지를 않는다고 했다. 처음 내가 공사현장에 왔을 때는 처음이니까 저러겠지, 다음날에는 이제는 안 오겠지 했는데, 끝날 때까지 매일 방문하여 간식도 챙겨주고 이러는 모습을 보며, 사실은 자신이 더 받아야할 신발장이나 수납장 같은 것도 서비스라 생각하고 해주셨다고 했다. 학원을 오픈하는 날에는 잘되길 바란다며 큰 벤자민 화분도 하나 보내주셨다.

이 일을 통해서 어떤 일이든지 진심으로 대하면 통한다는 것을 깨닫게 되었다. 나는 가진 게 없기에 매일 자그마한 간식거리로 그분들의 수고에 감사의 마음을 표현했을 뿐인데, 아무 내색하지 않던 그분들이 마음속으로 감동을 받고 결국은 그것이 나에게 다시 되돌아왔다.

말 한 마디로 천 냥 빚을 갚는다고 하지 않았던가. 감사하다는 생각은 있지만 표현하지 못하는 사람들이 참 많다. 혹시 아직도 주위의 감사한 분들께 마음을 표현하지 못한 분들이 있다면, 지금 당장 표현해보기를 권한다. 표현하지 않으면 상대방은 절대 알아차리지 못한다. 그 한 마디가 얼마나 사람의 마음을 따뜻하게 하고 엄청난 파급 효과가 있는지 직접 체험해보기 바란다.

나는 지금도 감사하다는 인사를 습관처럼 달고 산다. 아침에 만나는 아파트 경비 아저씨, 청소해주시는 이모님, 톨게이트 요금 수납하시는 분들, 마트에서 계산하시는 분 등등. 만나는 사람마다 인사를 한다. 전에 톨게이트를 통과하는데 친구가 "너 왜 오늘은 너답지 않게 감사하다고 인사를 안 해?"라고 말하기에 골똘히 생각을 하다 보니 나도 모르게 인사를 안 하고 요금만 낸 모양이다. 이런 친구의 반응을 보며 '아~ 그래도 나는 인사를 꽤 잘하는 사람으로 이미지가 각인되어 있구나.' 생각했다.

감사하다는 말을 하는 데는 비용이 전혀 들지 않는다. 하지만 이런 말 한 마디가 나의 마음을 즐겁게 해준다. 듣는 사람에게도 큰 힘이 됨을 늘 체험한다. 사람의 마음을 움직이는 말 한 마디의 힘을 인테리어 사장님을 통해 절실히 깨달았다. 감사하다는 말 한 마디로 적지 않은 액수의 지출을 막을 수 있다면 어느 누구라도 당장 실행할 것이다.

주변인 중에는 "고마운 마음은 있으나 표현을 하기가 쉽지 않다"라고 토로하는 사람이 있다. 그럴 때는 꼭 이런 말을 해준다.

"어느 누구라도 당신의 마음을 표현하기 전에 알아줄 사람은 없다. 서운하면 서운하다고, 감사하면 감사하다고 꼭 표현을 해라. 지금 당장 하지 않으면 영영 그 기회를 잃어버릴 수도 있으니까."

마음을 표현할 타이밍을 놓치고 나중에 후회하지 않길 바란다.

잘나가는 학원의
성공시스템을 배워라

내가 토킹클럽을 오픈한 2008년은 전국에서 광주 전남의 성과가 최고일 때였다. 공부방을 운영한 경험은 있었지만 이 정도 규모의 학원 운영은 처음이기 때문에 무언가 모델링을 할 대상이 필요했다.

오픈하기 전에 그 시스템을 익히고 싶었다. 학원도 한참 인테리어를 하고 있었기에 아직은 여유가 있었다. 내가 이런 고민을 지사장님께 얘기했더니 아주 좋은 학원이 있으니 걱정하지 말라고 하셨다. 지사장님이 도움으로 찾아간 곳이 토킹클럽 운남 분원이었다.

지사장님이 운남 분원장님께 전화를 미리 해주시겠다고 가보라고 했다. 온통 빚으로 시작한 사업이니만큼 나는 반드시 성공해야 했기에 반드시 성공한 학원의 성공 시스템을 그대로 익히고 싶었다. 약속한 그날 아침 일찍 학원을 찾아갔다. 학원문은 열려 있었는데 아무도 보이지 않았다. 여기저기 기웃기웃 하고 있었는데, 뒤에서 "누구시죠?" 하는 말이 들렸다. 당시 운남 분원장이었던 박혜선 원장과의 첫 만남이었다.

"아. 원장님 안녕하세요. 저는 11월에 화순에 오픈하기로 한 강은영이라고 합니다. 원장님이 너무 잘하신다고 해서 좀 배우러 왔어요." 했더니 원장님은 지친 표정으로 "휴~ 지사장님은 또 보내셨네." 하고 말씀하셨다. 지사 바로 옆에 있기도 했지만, 그때 운남 분원은 전국 1위의 우수 분원이었다. 전국 1위의 분원이니 얼마나 배우겠다고 찾아오는 원장들이 많았겠는가. 당연히 원장님의 저런 반응이 이해되었다. 그렇다고 물러날 수가 없었다.

"원장님! 저 꼭 성공하고 싶거든요. 제가 여기에서 좀 배우면 안 될까요?" 했더니 "알아서 하세요." 하고 말했다. "그럼 오늘부터 좀 해도 되죠?" 하고 얼른 신발을 벗고 안으로 들어갔다. 그때가 오전 11시가 조금 못 되었을 때였는데 이미 교사들은 출근을 해서 무언가를 다들 열심히 하고 있었다.

"원장님! 무슨 일부터 할까요?" 했더니 "알아서 찾아서 하세요." 하고 말씀하셨다. 둘러보니 다음 달에 쓸 교재 준비 작업이 한창이었다. 그 당시 운남 분원 학생 수가 몇백 명이었으니 교재의 양도 어마어마했다. 2명의 교사가 준비를 하고 있었던 것으로 기억하는데 "제가 좀 도와드릴게요. 괜찮죠?" 하며 바닥에 털썩 주저앉아 작업을 도왔다.

운남 분원에는 스텝이 7-8명 정도 있었다. 모두 바쁘게 움직였다. 점심시간이 되자 원장어머님께서 직접해주신 반찬으로 점심을 먹었다. 처음 선생님과 접한 자리라 쑥스럽기도 했지만, 자기소개를 하고 앞으로 열심히 이 분원에서 배우고 싶다는 말과 함께 친하게 지냈으면 좋겠다고 했다. 강사들도 마음을 열고 기쁘게 맞아주었다.

그 당시 박혜선 원장님은 수업은 하지 않으셨다. 결손이 발생하거나 보강이 필요한 학생들을 맡고 계셨는데, 무슨 일이 그리도 많으셨는지 점심도 드시지 않고 커피만 드시면서 여기저기 바쁘게 뛰어다니셨다. 원장님께 "도와드릴까요?" 하고 말하면 언제나 되돌아오는 대답은 "알아서 하세요" 였다. 그간 수없이 거쳐간 원장들에 지쳐도 단단히 지치신 모양이었다.

원장님이 혼자서 벅찰 정도로 관리하고 있던 아이들에게 "선생님이 좀 봐줄게 이리와." 하면서 아이들을 데려가서 체크를 했다. 그 당시 운남 분원 교사들은 11시 출근해서 9시 퇴근이었던 것 같은데, 나는 첫날부터 그들과 똑같이 퇴근을 했다. 다음날도 그 다음날도 11시에 출근을 해서 원장님을 따라다니며 이것저것 궁금한 것은 귀찮을 정도로 물어보았다.

원장님은 "뭐가 그리 궁금한 것도 많냐? 그만 좀 물어봐라. 귀찮다." 하고 말씀하시면서도 모두 대답을 해주셨다. 혹 원장님이 바쁘셔서 대답해주지 않으셨던 질문은 메모를 해두었다가 다음날 다시 묻기도 하자 원장님은 진짜 끈질긴 사람이라며 웃곤 하셨다.

2주가 지났다. 그동안 내가 하는 것을 아무 말 없이 지켜보던 원장님이 드디어 나에게 마음을 여시고 '똘똘이 원장'이라는 별명까지 지어주며 말씀하셨다.

"전국에서 우리 학원에 참 많은 원장들이 배우겠다고 찾아왔어. 원장님이 처음에 배우러 왔다고 해서 그런 원장 중 한 사람이라고 생각했지. 그런데 원장님처럼 강사들과 같은 시간에 출근하고 퇴근하면서 이렇게 열심히 하는 사람은 처음 봤네. 대부분은 하루 이틀 보고 가는 게 전부였는데, 원장님처럼 열심히 일을 배우는 사람은 한 명도 없었어. 원장님은 성공하겠구먼. 내가 도울 수 있는 것은 도와줄게."

누가 보면 그 분원의 스텝인줄 알 정도로 열심히 내 일처럼 일하고, 그 학원의 시스템을 메모하고 익혔다. 어느덧 한 달이 되었다. 학원의 인테리어 공사도 거의 마무리가 되었다. 이제 원장님께 학원으로 돌아가봐야 할 것 같다고 말씀드렸다. 원장님은 꼭 성공할 거라며 언제든지 도움이 필요하면 찾아오라고 하셨다.

학원을 운영하는 중간에 문제가 발생하거나, 강사들 관리하는 게 너무 버거울 때도 원장님께 전화를 드렸다. 원장님은 특히 강사관리에 탁월해서 채용 단계부터 훈련시키는 방법까지 많은 조언을 들을 수 있었다. 일주일에 한 번 하는 교사회의도 외부인은 절대 참석하지 못하게 하는 것이 원칙인데도, 내가 한 번만 보고 싶다고 요청하자 "똘똘이 원장이니까 허락하는 거야"라고 하셨다. 지금도 어려운 일이 있을 때 상의할 수 있는 나의 좋은 사업 멘토이다. 내가 그분께 별로 해드린 건 없는데 이렇게 많은 도움을 받을 수 있어서 정말 감사하게 생각한다.

학원뿐 아니라 어떤 사업을 시작할 때에는 반드시 롤모델을 찾기를 권한다. 이런 롤모델과 그들의 성공사례가 아니라면 수없는 시행착오를 거쳐야 하고, 그러다 보면 지쳐서 또는 초반에 안착을 하지 못해서 주저앉을 수도 있다.

시행착오를 반복하지 않기 위한 가장 좋은 방법은 일단 롤모델을 선정하는 것이다. 성공한 그들이 이루어놓은 성공 시스템대로 따라 하다 보면, 돌아가야 할지도 모르는 성공을 향한 길을 지름길로 갈 수 있다. 만일 롤모델을 찾지 못한다면 그들의 성공 시스템을 가장 빠른 시간에 엑기스만 전달해줄 책을 찾아라. 서점에는 많은 성공한 사람들의 자기계발서가 넘쳐난다.

사업을 하기 전 자신의 기량을 키워서 시작을 하는 사람도 있겠지만, 그렇지 못한 CEO도 많은 것 같다. 내 경우도 이 원장님을 만나지 않고 시스템을 익히지 않았다면, 더욱 먼 길로 돌아갔을 수도 있었다.

사업을 빨리 시작하고 싶은 마음에 제대로 준비하지 않고 덜컥 오픈만 하고 낭패를 당하는 주변 사람들을 많이 보아왔다. 같은 직종의 성공한 사업장에서 그들이 왜 성공했는지를 가까이서 지켜볼 기회를 가져라. 직원처럼 일을 해보는 것도 나쁘지 않은 방법이다. '급할수록 돌아가라'는 말이 있지 않는가. 차근차근 자신을 준비하고, 체크 리스트를 만들어 필요한 것들을 점검하며 차분하게 준비한다면 단언컨대 실패할 확률은 낮아진다.

이 지면을 통해 다시 한번 귀한 노하우와 시스템을 공유해준 박혜선 원장님께 감사의 말씀을 전한다.

내원고객은 반드시
엘리베이터까지 배웅하라

우여곡절 끝에 인테리어도 완성을 했고, 이제는 학생을 모집하는 일만 남았다.

전혀 연고도 없는 전남 화순이라는 지역을 선택했기에 학원을 알리긴 해야했다. 다행히 이보영의 토킹클럽이라는 브랜드를 선택해서 그런지 홍보만 잘하면 승산이 있을 거라는 생각이 들었다. 여러 홍보 방법을 모색하다가 선택한 것이 2가지 방법이었다.

첫 번째는 가장 일반적으로 선택하는 전단지 광고, 일명 찌라시 광고였고, 두 번째는 거리 공공게시판에 현수막을 거는 것이었다.

첫 번째 전단지 광고를 시도했다. 학원을 시작할 때가 내 나이 36살. 이런저런 사회 경험이 없었던 나는 전단지 광고를 배포할 업체를 사랑방이라는 지역정보신문에서 보고 전화를 걸어 선택했다. 분명히 배포했다고 하고 돈을 받아갔는데, 아는 지인들에게 전화를 걸어서 혹시 집 앞에 전단지가 붙어있는지를 확인해보면 없다고 하는 집이 태반이었다.

지금은 전단지 값이 저렴하지만 10년 전만 해도 전단지 가격이 만만치 않았던 것으로 기억한다. 전단지를 붙이지 않고 돈을 받아간 것도 기가 막히지만 그 비싼 전단지가 버려졌을 거라 생각하니 많이 속상했었다. 혹자들은 전단지가 효과가 있든 없든 꾸준히 일 년에 두어 번 정도는 광고를 해야 한다고 말한다. 하지만 이 일이 있던 이후로 10년이 된 지금까지도 절대로 전단지 광고를 하지 않는 걸 보면 그때 받은 상처가 나에게 큰 트라우마가 되었나 보다.

두 번째 방법은 "2008년 11월 3일 토킹클럽 그랜드 오픈"이라는 단순한 문구와 전화번호를 넣고 현수막을 제작했다. 당시 게릴라 현수막을 하라는 지인의 제안도 있었지만, 게릴라 현수막은 달기만 하면 잘라가는 경우가 많아서 비용은 들어도 군청에서 허가를 받고 공공게시판에 10개의 현수막을 8주 동안 일제히 걸었다.

비용이 없어서 4주만 걸까 했다. 하지만 초기에 정확히 학원 존재를 각인시키지 않으면 어려워질 수 있겠다라는 생각에 무리가 되어도 8주 계약을 했다. 현수막 제작업체에서 비용만 지불하면 8주 동안 알아서 관리해주기 때문에 내가 관리할 필요는 없었다.

보통 학원을 오픈한 후에 현수막을 거는 경우가 많다. 그런데 나는 학원 오픈이 아닌 인테리어 시작 때부터 현수막을 걸어서 고객들의 관심을 증대시켰다. 전화도 가장 먼저 개통을 하고, 핸드폰으로 착신을 시켜두었다. 번호도 영어학원이기에 0588이라는 번호를 선택했는데 다행히 쓰고 있는 사람이 없어서 학원 전화번호로 등록할 수 있었다.

현수막은 잠재고객들의 눈에 잘 띄었는지, 토킹클럽이라는 브랜드 자체가 주는 기대감 때문이었는지 전화가 제법 걸려왔다. 아직은 학원이 인테리어를 하고 있는 상태였기 때문에 걸려오는 전화번호와 이름만 메모해두었다가, 공사가 끝나고 상담이 시작되면 전화를 꼭 드리겠다고 했다.

책걸상들, 굵직한 집기나 냉방기 등 학원에서 필요한 것들을 모두 갖추긴 했다. 하지만 일을 시작해보니 소소하게 사야할 것이 많았다. 다 준비했나 싶었는데도 매일매일 사야할 것들이 생겼다. 보통 사업을 시작하면 예비비라는 항목을 잡아두고 거기서 지출을 하는데, 나는 예비비라는 것이 1원도 없어서 모든 홍보비용, 필요한 물품을 사는 것을 카드로 처리하거나 현금서비스를 받아서 처리해야 했다. 현금서비스는 말이 현금서비스지 고리대금업이나 같다는 생각을 하고 있던 나는 첫 달부터 마이너스는 절대 나면 안 되니 최소한 손익분기점이 0이 되도록 해야겠다는 계획을 세웠다.

오픈할 때 데스크 상담직원, 강사 한 명 등 최소 인원을 채용해서 시작을 했다. 월세랑 이것저것을 놓고 계산을 해보니 최소한 40명은 첫 달에 등록해야 손해가 나지 않을 거란 결론을 내렸다.

수업은 2008년 11월 3일에 시작을 할 예정이었지만, 인테리어가 완성된 10월 중순부터 상담은 시작되었다. 수업 시작까지 그렇게 여유가 있지는 않아서 학생 모집에 관한 부분도 많은 스트레스로 다가왔다. 11월에 수업을 하려면 어느 정도 최소한의 학생 수는 모집이 되어야 한다. 게다가 손익분기점을 충족시키려면 40명을 첫 달에 모집해야 한다는 생각을 갖고 있었다. 주변에서는 어떻게 40명을 첫 달에 모집하냐고 첫 달에는 10명만 모집해도 잘한 거라고 했다. 나는 그렇게 하면 학원 운영이 안 되니 꼭 40명을 모집할 거라고 말했다.

일단 상담 오는 어머니들을 위해 상담파일을 준비했다. 언제 상담을 오시더라도 당황하지 않고 진행을 하기 위해서다. 몇몇 학원을 보면 상담할 때 주변 학원의 단점을 말하면서 그 학원을 깎아내리며 자신의 학원을 어필하는 학원도 있었지만, 나는 그런 방법은 절대 쓰지 않기로 했다. 누워서 침 뱉기란 생각이 들었기 때문이다. 자기 학원의 우수한 점만 어필하면 되는 거지 굳이 다른 학원을 깎아내리면서까지 학생들을 모으기는 싫었다.

그 전에 윤선생 영어교실 관리교사를 하면서 관리가 끝나면 어머니들과 아이의 상태에 대해 상담을 하긴 했었다. 그런데 이렇게 학원원장으로서의 상담은 처음이라 걱정이 되었다. 서투른 솜씨이지만 정성을 다해 상담했다. 성의껏 이보영 토킹클럽이 다른 학원과 차별화된 특장점, 커리큘럼 등을 나름대로 정리해서 출력하는 등 상담자료를 준비해놓고, 어머니들이 오시면 출력된 파일을 보며 하나하나 상세하게 설명을 해나가는 식으로 했다.

초보원장이었으니 썩 잘할 수는 없었다. 그러나 윤선생 영어교실 관리교사 8년 동안 어머니들을 대하면서 쌓은 노하우, 그리고 원래 사람들과 이야기 하는 것을 무척 좋아하는 성격 때문인지, 무엇보다도 내 안에 가지고 있는 열정과 절박함이 보여서인지 어머니들과 편안하게 상담한 결과 상담은 백전백승이었다.

학부모들이 내원을 할 때 4층 학원까지는 보통 엘리베이터를 타고 오시는데 누구라도 1층에서 엘리베이터를 타면, 쾅하고 문 닫는 소리가 4층까지 들렸다. 그때는 초기여서 그랬는지 엘리베이터 문을 닫는 소리가 제법 크게 들렸다. 그러면 상담실장과 나는 "어! 또 누구 오시나보다. 준비하자." 하면서 커피잔 등을 미리 따뜻한 물로 데워두고, 문 앞에서 웃는 낯으로 기다리곤 했다. 신발을 벗고 들어와야 했기 때문에 슬리퍼까지 미리 엘리베이터 내리는 곳에 준비를 해두었다.

나는 1회용품을 별로 좋아하지 않는다. 환경문제도 그렇고 간편하긴 하지만 종이컵에다가 드리고 싶진 않았다. 집에서 수고하는 주부가 태반인 어머니들이 우리 학원을 방문해서는 무언가 대접받는다는 느낌이 들도록 늘 예쁜 머그잔에다 커피를 대접해 드렸다. 지금은 추출해내는 커피가 일반적이 되었지만, 그때는 맥심커피가 거의 일반적일 때였는데도 이런 저런 종류의 커피를 4-5종류 준비하여 선택하실 수 있도록 했다.

어떻게 알고 오셨냐고 물으면 지나가다 학원이 새로 생긴 것 같아서 왔다는 분도 계셨고, 대부분은 공공게시판을 보고 왔다고 하신 걸 보면 그게 효과적이었던 것 같다. 아무튼 우리의 이런저런 작전대로 학원생 모집은 순탄하게 잘 진행되었다. 상담을 오셨다가 그냥 돌아가시는 어머니가 거의 없었다. 상담을 마치고 돌아가실 때도 반드시 학원 밖까지 따라 나가 엘리베이터 버튼도 눌러드리고, 문이 닫힐 때까지 기다렸다가 방문해주셔서 감사하다는 인사까지 드렸다.

이건 10년이 지난 지금까지도 내가 꼭 지키고 있는 나만의 방침이다. 어떤 어머니들은 부담스럽다며 들어가시라고 하지만, "아니에요. 방문해주신 어머니께 이건 당연한 거죠." 하며 꼭 배웅을 해드린다. 그때는 고객에게 내가 할 수 있는 최선의 방법이라는 생각이 들어서 했던 건데, 최근 자기계발서를 읽으면서 '고객의 배웅은 꼭 엘리베이터까지 하라'는 문장을 발견하고 놀랐다.

보통은 가망고객을 상담하면 상담실에서 인사를 드리고 끝나든지, 상담실 문 앞에서 인사를 건네는 경우가 다반사다. 나도 가끔 학원일이 바쁠 때는 원장실 문 앞에서 인사를 드리고 아이들 공부를 봐주는 경우도 몇 번 있었는데, 책에서 이 문장을 다시 접한 후로는 아무리 바빠도 반드시 엘리베이터 앞까지 가서 인사를 드리고 있다.

고객감동이라는 말이 흔해진 세상이다. 고객들을 감동시키는 것은 결국 큰 것이 아니라, 당신의 마음이 묻어나는 작은 행동이다.' 고객들을 감동시킬 나만의 작은 행동은 어떤 걸로 할까?' 한 번쯤은 심사숙고 해보기를 바란다.

지금 그곳에서
할 수 있는
최선을 다하라

02

흘린 땀은
절대 배신하지 않는다

가진 것이 없던 내가 소망으로 이루어낸 꿈 결정체 같은 나의 학원.

학원은 어찌하든 오픈이 되었다. 이제 최선을 다해서 경영하는 일만 남았다. 내가 첫 번째로 할 수 있는 일은 뭐가 있을까 생각해보았다.

'지성이면 감천'이라는 말이 있지 않는가. 지금 상황에서 '내가 할 수 있는 최선을 다하면 하늘도 감동해서 나를 돕겠지.' 하는 생각이 나에게 용기를 북돋워주었다.

그래서 내가 선택한 첫 번째 노력은 아침 9시에 출근해서 저녁 9시에 퇴근하는 거였다. 아침 9시에 출근을 해서 환기를 시키고, 청소를 깨끗이 하고 고객들을 기다렸다. 이렇게 일찍 출근하는 나를 보고 주변에서는, "아침부터 그렇게 일찍 나갈 필요 없어. 주부들이라면 그 시간이 아이들 보내고 잠깐 더 잠을 자든지, 드라마를 보는 시간이지. 그이른 시간에 무슨 상담을 하러 오겠냐"했지만 단 한 명의 고객이라도 만날 수 있다면 나는 최선을 다해야 했다.

물론 주변의 의심처럼 나도 '그 아침부터 누가 상담을 올까.' 하는 생각이 들기도 했지만, 사실은 이렇게라도 하지 않으면 불안해서 견딜 수가 없었다, 내가 나를 위해 선택한 해결책이었다. 그런데 내 생각과는 달리 아침에도 종종 상담을 원하시는 분들이 계셨다. 신기하기도 해서 오시는 분들에게는 꼭 이렇게 물어보았다.

"어떻게 아침부터 상담을 하러 오셨어요? 이 시간엔 보통 쉬시고, 상담은 주로 오후에 오시지 않나요?"

우리 학원이 우체국 바로 옆 건물인데, 우체국에 일을 보러 오셨다가 학원을 발견하고 한번 들어오신 어머니, 상담은 가고 싶었는데 기회를 매번 놓치다가 아침 일찍 다른 일을 보러 나온 김에 한번 들러봤다고 하는 분들이 많았다.

'아! 역시 선입견을 가지고 어떤 일을 하면 안 되는구나.' 싶었다. 나도 떠올려보면 이런 비슷한 경험이 있었다. 아이를 키우다보니 아침에 급하게 옷을 사야 할 경우가 생기는데, 그런 경우 여기저기 다 다녀보아도 오전에 문을 여는 곳이 없어서 발만 동동 구르던 기억이 있었다. 그 기억이 떠올랐다. '그래, 일반적인 생각으로는 상담은 오후에 다니는 거지만, 오전에 상담을 하고 싶어 하는 부모들이 있을 수도 있겠다.

당연히 나의 생각과는 달리 예외가 있을 수도 있겠다.' 사람의 형편은 다 다르니 상담을 오기에 편한 시간대도 다 달랐던 것이다.

'그래. 다수는 아니더라도, 내 생각과는 다르더라도 오직 도움이 필요한 한 사람의 고객이 있다면 그 사람을 위해서라도 아침 일찍 학원 문을 열어두자.' 지금은 토요일은 상담을 하지 않지만 그때는 미리 전화로 예약을 해주시는 어머니들은 토요일에도 시간 약속을 하고 상담을 해드렸다.

'일은 하려고만 들면 여기저기에 할 일이 널렸지만, 하지 않으려고 들면 할 일이 하나도 보이지 않는다'는 말이 있듯이, 하려고만 하면 준비할 게 끝도 없는 것이 학원일이다. 사실 액티비티 도구를 얼마나 많이 준비하느냐에 따라 수업의 질도, 아이들의 흥미도 달라지는데, 시간에 쫓기다보면 그저 액티비티 없이 수업을 하는 것만으로 끝나게 된다. 준비해야 할 수업도구가 생각나도 준비할 시간이 없다보면 그저 좋은 아이디어로만 머무를 수밖에 없다.

개원 초기라 준비할 일들이 많았다. 그래서 아침 9시에 출근을 했다. 일찍 출근하니 생각해두었던 일을 처리하는 시간도, 일을 찾아서 할 수 있는 여유도 주어졌다. 기본적으로 더러움이 보이는 곳은 일단 깨끗하게 유지시키는 일부터, 수업에 필요한 도구들을 만드는 일, 출석부나 필요한 서식을 만드는 일 등 해도 해도 신기하게 해야 할 일들이 또 보였다.

본격적으로 학원수업이 시작되는 11월 전에는 하루 종일 거의 상담하는 일이 주 업무였다. 학원수업이 시작된 11월부터는 오전에는 주로 수업 준비와 학원의 잡무 처리, 오후에는 주로 수업을 하고, 학부모가 찾아오면 상담을 하다 보니 금방 하루가 갔다. 초기에는 학원생이 많지 않아서 8시가 되기도 전에 학원 수업은 끝났는데, 그래도 9시까지는 학원을 열어두기로 했다. 직장을 다니는 엄마들은 퇴근 후 학원상담을 다니는 일이 많았기 때문이다.

신생 학원은 자신의 편의를 우선으로 하면 안 된다. 일단은 고객들의 시간을 최우선으로 존중해주어야 한다. 상담을 오기에는 부담스럽고 먼저 전화를 해서 이것저것 물어보시는 분들이 많았다. 또 몇 시까지 계시냐고 물어보시는 사람도 많았는데, 그런 분들은 퇴근을 하고 오시려는 분들이니 그렇다. 저녁 9시가 내가 정해놓은 퇴근 시간이긴 했지만, 회사 사정상 퇴근하고 가면 9시가 넘는다고 하는 어머니와는 대화가 이렇게 이어진다.

"어머니 걱정하지 마세요. 그 시간에 오세요."

"죄송해서 어째요. 괜히 저 때문에 퇴근도 못하시고 늦게까지 기다리시는 거 아니에요?"

"아니에요. 저도 어차피 오늘 할 일이 있어서 야근을 좀 하려고 하던 참이거든요. 그러니 너무 서두르지 마시고 천천히 오세요. 급하게 운전하고 오시면 위험해요."

사실 딱히 할 일은 없었다. 편한 마음으로 내원을 하셨으면 하는 일종의 배려였다. 퇴근을 저녁 9시라고 정해놓기는 했지만, 생각나는 일을 하고, 정리를 하다보면 10시가 넘는 경우가 다반사였다.

강사들은 미리 퇴근을 시키고 조용한 학원에서 혼자 생각하는 시간을 많이 가졌다. 학원 초기에 내가 교과서처럼 자주 보던 하마구치 다카노리의 《사장의 일》이라는 책에 보면, 사장의 10훈 중 사장은 가장 먼저 출근하고 가장 늦게 퇴근하라고 하는 항목이 있다. 이 말을 항상 생각했다.

내가 먼저 본을 보여야 강사들도 그 모습을 보고 영향을 받을 거라고 생각했다. 매일 늦은 시간까지 긴장을 놓지 않고 1인 다역을 하며, 동분서주 하는 일이 참 힘들었다. 그러나 감사했다. 몸은 힘들지만 어찌하든 내가 하고 싶었던 일이었고, 내가 선택한 일이지 않았던가. 어렵게 시작한 학원이니만큼 최선을 다하고 싶었다.

지금 와서 생각하건대, 내가 넉넉하게 돈이 많았더라면, 그때처럼 그렇게 열심히 하지 않았을 것 같긴 하다. 그래서 지금은 자수성가한 사람들은 뭔가 달라 보인다. 그들은 정말로 최선을 다한다. 주변에서 부자인 부모가 자녀에게 선물처럼 사업장을 오픈해주는 경우도 있었는데, 그들은 절대로 힘들게, 최선을 다해서 일하지 않는다. 그런 사장이 성공한 경우는 얼마 보지 못했다. 그런 사람은 그 사업장에 대해 소중함도, 간절함도 없기 때문이다.

최선을 다하라고 하면, 어려운 것 하기 힘든 것을 떠올리기가 쉽다. 아니다. 일단은 자신의 분야에서 자신이 할 수 있는 가장 쉬운 것을 하나 찾아보면 된다. 아무것도 없는 내가 그 당시 최선을 다할 수 있는 것은 내 몸을 조금 일찍 움직여보는 것이었다. 돈으로 해결할 수 있는 것은 어찌 보면 세상 가장 쉬운 일일 수도 있다. 하지만 그 당시 나에게는 그 일이 세상 가장 힘든 일이었다. 내가 할 수 있는 가장 돈이 들지 않는 방법, 그것이 바로 아침 9시에 출근하여 저녁 9시까지 학원을 지키며 학원에 나의 애정을 심는 일이었다.

지금은 그렇게 일찍 출근을 하지 않는다. 그렇다면 내가 초심을 잃은 걸까? 나는 그렇게 생각하지 않는다. 그때 내가 그렇게 몰입하여 학원에 내 마음을 쏟아 부었기에, 지금은 오전 시간에 운동도 하고 책도 읽는 등 자기계발을 위해 그 시간을 쓸 수 있는 경제적·심리적 여유가 생긴 것이다. 그때 그런 애정과 시간을 쏟아붓지 않았더라면, 오늘날 학원이 안정화되지 못했을 것이다. 오전에 쉬면서도 학원의 존폐여부와 수익성 때문에 불안한 오전 시간을 보내고 있을지도 모른다.

모든 일에는 적합한 때가 있다. 그러기에 적합한 때에 할 수 있는 최선을 다하면, 그 시간은 반드시 훗날 내게 선물 같은 열매를 가져다준다는 사실을 믿어 의심치 마라.

스트레스를 이겨낼
나만의 리추얼^{ritual}을 만들어라

2008년 11월 3일, 학원 수업을 시작하니 새로운 고민이 또 생겨났다. 일단 매일매일 발생하는 비용을 지출하면서도 많은 부담이 되었고, 직원들의 급여일이 다가올수록 마음의 부담은 더욱 커졌다. 첫 달에 40명을 채워서 겨우 마이너스를 면하긴 했지만, 예비비가 없었기 때문에 그후에 발생하는 모든 비용은 고스란히 빚으로 차곡차곡 더해졌다.

집기들은 다 갖췄다고 생각했는데 시작을 해보니 누락된 것도 많고, 사야 할 것도 많았다. 복사기, 프린터, 코팅기 등등 학원에서 필요한 것들이었다. 또 책걸상도 다 구비를 했다고 생각했는데, 선생님들에게 필요한 보조탁자라든지, 책꽂이 등 구입해야 할 물품들이 발생했다. 나름 꼼꼼히 메모하고 준비를 했는데도 경험이 없다보니 이런 것들이 필요할 거라는 생각을 못한 것이다.

복사기는 처음엔 렌탈을 했다. 그런데 1년이 지나자 거의 구입비용과 맞먹어서 구입을 하게 되었다. 필요한 집기 등은 카드로 구입을 하거나, 카드 결제가 안 되는 부분은 현금서비스를 받아서 처리를 하고 교육비가 들어오면 먼저 현금서비스부터 상환했다. 이런 상황이 지속되었다.

'언제쯤 이런 상황이 끝나려나.' 참 힘들었다. 다행히 지인 중 한 명이 급한 돈은 필요할 때 융통을 해주어 도움을 받기도 했지만, 미안해서 매번 부탁할 수는 없었다. 가능하면 내가 할 수 있는 선에서 처리를 했기에 돈에 대한 부담이 상당히 컸다. 게다가 가족의 반대에도 불구하고 1억 3천이라는 빚을 지고 시작했기 때문에 혹시 실패하면 고스란히 우리 가족의 빚으로 주어진다는 마음의 부담, 꼭 성공해서 반드시 이걸 갚아야 한다는 책임감으로 늘 어깨가 무거웠다.

먹고 살자고 돈을 버는 건데, 학원 일을 하다 보니까 끼니를 제때 챙길 수가 없었다. 강사들은 6시경에 쉬는 시간으로 시간표를 짜서 저녁 식사를 하게 했다. 하지만 나는 먹을 수가 없었다. 초반에는 같이 저녁을 먹었는데, 저녁을 먹는 시간에 아이들이 어찌나 떠들고 소란을 피워대는지 먹을 수가 없었다. 빨리 먹고 아이들을 조용히 시켜야겠다고 생각하고 급하게 먹고 나면 체하기 일쑤였다.

이런 상황이 반복되니 밥을 먹는 게 부담스러워, 자연스레 먹지 않게 되었다. 매번 받는 스트레스에 먹는 것은 부실하고, 갑상선 기능저하까지 있어서 늘 피곤했다. 정신력으로 하루하루 버텨나갔다. 중요한 일을 감당하려면 체력이 받쳐줘야 하고 운동도 필수지만 그때는 도저히 그럴 마음의 여유가 없었다.

초기라 다양한 학부모들을 대하면서 받는 스트레스도 컸다. 상담을 하다보면 학원비를 깎아달라는 일은 다반사였고, 여럿이 몰려와서는 등록을 할 테니 얼마를 깎아줄 거냐는 흥정성 멘트를 날리는 학부모도 많았다.

그러나 초반부터 학원비는 절대 흥정하지 않을 거라는 나만의 룰을 정해두었기에 할인을 해주지 않았다. 한 번 할인을 하기 시작하면, 그 소개를 받고 오는 사람은 같은 수준의 할인이나 더한 수준의 할인을 요구하는 것이 일반적이었기 때문이다. 지금은 학부모를 대하는 것도 요령이 생겨서, 위기상황에서 어떻게 대처할지가 자연스럽지만 그 당시만 해도 소심한 A형답게 학부모 컴플레인이 발생하면, 그것 때문에 고민하느라 새벽까지 뒤척거리기 일쑤였다.

학원에서 무슨 일이 생긴 날에는 기가 막히게 남편이 "당신 학원에서 무슨 일 있지?" 하며 알아차렸는데, 어떻게 알았냐고 이유를 물어보면 "어제도 새벽까지 못자고 뒤적이너라고 그래서 알았지." 하고 대답하곤 했다.

초기 상담을 마치고 기존반으로 편성을 해서 수업을 하고 있으면,

전화를 해서 아이의 레벨이 너무 낮은 거 같으니 반을 옮겨달라고 하는 어머니들도 있었다. 아이에게는 지금 반이 수준에 맞는다고 말씀드려도, 반을 안 옮겨주면 학원을 그만두겠다고 했다. 당연히 아이에게 도움이 되지 않을 상황이라 옮겨드릴 수가 없다고 했다. 학원은 학원 나름대로의 룰이 있어야 하고 모든 아이에게는 그걸 공평하게 적용시켜야 한다는 것이 나의 생각이다. 물론 특별한 상황에서는 융통성을 발휘하는 것이 옳지만 이건 아니다 싶었다.

그랬더니 역시 이 어머니도 학원에 대해 나쁜 소문을 퍼뜨리고는 그만두었다. 화순은 지역이 좁아서 한 번 소문이 돌면 금방 퍼진다. 하지만 근거 없는 소문은 나중엔 꼭 진실이 드러날 것이니 별로 신경을 쓰지는 않았다. 한 어머니가 저렇게 학원을 나가게 되면, 그 엄마와 친한 엄마들도 별 이유 없이 학원을 그만두었다. 손을 쓸 방법도 없고 답답하기만 했다.

아이들은 아이들대로 기존 학원에 길이 들여져서 공부습관을 들이는 게 처음에는 어려웠다. 학원만 들어오면 공부하는 자세가 아니라, 잡담을 하거나 때로는 친구들끼리 주먹다짐을 하는 아이들도 있었다. 나는 뭐든 처음이 중요하다고 생각했다. 그래서 아이가 떠들면 교실 밖에 세워두거나, 약속을 지키지 않으면 부모님 허락 하에 손바닥을 몇 대 때리기도 했다. 주먹다짐을 하는 아이들은 반드시 아이들 앞에서 "우리 학원에서 싸움을 하면 이런 벌을 받게 된다"라고 설명을 하고 벌을 주었다. 이렇게 아무것도 없는 백지에서 하나하나 학원의 큰 그림을 그려나갔다.

수업이 없는 주말에는 주로 아이들을 데리고 야외로 나갔다. 일주일간의 스트레스도 풀고, 아이들이 아직 4살, 7살로 어렸기 때문에 마음껏 뛰어놀게도 해주고 싶어서였다. 어느 날은 친한 동생 가족과 맛있게 식사를 하고 공원으로 갔는데, 동생이 깜짝 놀라며 말했다.

"언니, 언니 머리가 왜 그래?"

휴대폰으로 사진을 한 번 찍어봐달라고 했다. 사진을 보니 머리카락이 텅 비어 있었다. 원형탈모가 온 것이었다. 어느 한 가지의 이유가 아닌 여러 가지 원인이 복합적으로 얽혀 스트레스가 결국 탈모로 이어졌다. 충격을 받은 나는 이후로 한 가지 훈련을 꾸준히 해왔다. 일종의 마인드 컨트롤인데, 될 수 있으면 스트레스 받은 일을 오래 생각하지 않는 거다. 실제로 걱정거리가 계속 떠올라 나를 괴롭힐 때면 머리를 좌우로 흔들면서 '안 돼, 안 돼. 잊어. 네가 걱정해서 해결되는 게 아냐.' 하고 나 자신에게 말하곤 했다. 사람이 일순간에 습관을 고치는 게 쉽지는 않다. 이후로 1년 정도 걱정거리를 될 수 있으면 빨리 잊으려고 학원을 떠나는 순간 걱정을 학원에 놓고 오는 연습을 했다.

그랬더니 1년이 지나서는 아무리 대단한 걱정거리가 있어도 숙면을 취할 수 있게 되었다. 서서히 원형탈모도 좋아졌다. 모든 병의 원인은 스트레스라고 하지 않든가. 원장들이 모이는 모임에 가면 우스갯소리로 많이 하는 이야기가 있다.

"학원장은 단명한다."

학원운영, 교사, 학부모, 학생 등 스트레스가 여러 방면에서 발생하기에 이런 말이 나온 게 아닌가 싶다. 걱정은 해서도 해결되지 않고, 해결될 일은 걱정하지 않아도 해결되니 굳이 걱정을 하지 말라고 한다. 내 맘대로 걱정이나 스트레스를 조정하는 일이 힘들긴 하지만 훈련으로 어느 정도는 통제 가능하다.

아무리 돈이 많고 학원이 번창한다 해도 내가 스트레스가 많고 행복하지 않다면 무슨 의미가 있을까. 존경하는 작가님이 늘 블로그 말미에 쓰는 한 문장이 있다.

"오늘 행복하십시오."

볼 때마다 격하게 공감하는 문장이다. 내 인생에서 오늘 이 시간은 결코 다시 오지도 않고, 되돌릴 수도 없다. 나의 스트레스를 발산하고 제거할 수 있는 나만의 특별한 리츄얼을 가지는 것도 좋은 방법이다. 나는 사람들과 맛있는 음식을 먹으며 대화를 나눈다든지, 카페에서 커피 한 잔을 마시며 책을 읽는다든지, 영화를 보는 것으로 스트레스를 푼다. 이것이 내게 스트레스를 이겨낼 에너지를 준다.

반드시 자신을 행복하게 해줄 자신만의 리추얼을 만들어라. 오너가 건강해야 견고하게 사업장을 운영할 수 있지 않으니까.

흔들리지 않을
경영원칙을 세워라

시간이 지날수록 학부모들은 우리 학원에 대해 소문을 내주었다.

"저 원장은 절대로 학원비를 깎아주지 않더라. 교육 단계 협상도 안 되더라. 되게 욕심이 많아서 아이들 공부를 제대로 시키더라."

그래서 1년 정도 지났을 때는 더 이상 학원비를 깎아달라고 요구하는 부모도, 단계를 마음대로 조절하려고 하는 학부모도 나타나지 않았다. 학원비는 그 당시 화순 대부분의 학원들이 초등생은 10~12만 원을 받고 있었는데, 나는 브랜드 이미지도 있고 초반에 내가 설정한대로 '화순 최고의 시설과 실력을 갖춘 학원'의 이미지를 그리기 위해 18만 원을 책정했다. 학원비가 부담스럽다며 돌아서는 부모들도 있었지만 개의치 않았다. 학원비가 이렇게 책정되다보니 경제적으로 안정된 아이들이 오는 확률이 높았고, 결과적으로는 부모들의 질도 낮지 않아서 좋았다.

아이들은 조용하고 자신의 비위를 모두 맞춰주는 강사를 좋아한다. 이렇게 해주면 탈락률이 정말이지 현저하게 낮아진다. 하지만 이런 강사들만 학원에 존재하면 학원은 방향성을 잃는다. 그야말로 북새통이 되고 만다. 근처의 모 학원에서 상담을 하고 우리 학원에 오는 어머니들은 한결같은 말씀을 하셨다.

"저기 XX학원은 어찌나 시끄럽고 정신이 없는지 시장통 같았는데, 여기는 진짜 공부하는 분위기가 느껴지네요."

그래서 매우 만족스럽다며 즐겁게 가입을 하고 가셨다. 늘 아이들에게 최고의 시설, 최상의 교육환경을 제공하자는 내 생각이 학부모들에게 전해졌다고 생각하니 몹시 뿌듯했다. 아이들에게도 늘 말했다.

"너희들이 여기서 머무는 시간은 길어도 1시간 남짓이다. 놀고 싶고 장난하고 싶은 마음은 알겠지만, 제발 공부할 때만은 집중해서 해주고, 나머지 시간에 선생님이랑 장난도 치고 그러자."

학원에서 공부에 집중할 것을 강조하니, 이제는 아이들이 '우리 원장님은 학원에서 공부 안 하고 떠들면 엄청 혼내, 진짜 무서워.' 하며 소문을 내주고, 신규 아이들은 기존 아이들이 하는 것을 그대로 답습하게 되니 시간이 지날수록 학습분위기는 잡혀갔다. 지금도 우리 아이들에게는 원장선생님은 호랑이 같은 존재다.

하지만 수업시간이나 그 외의 시간에는 유머러스하게 대해주기 때문에 아이들은 나를 두려워하면서도 한편 나와 수업을 하는 것을 매우 즐거워했다. 수업시간에는 나이도 잊고 말 그대로 쇼맨십을 발휘해서 수업을 했다. 지금은 수업을 거의 하지 않아 때로는 "선생님, 언제 우리랑 수업해요?" 하며 요청하는 아이들도 있다.

월요일마다 교사회의 때는 강사들에게 이같은 말을 반복한다.

"악역은 제가 할게요. 선생님들은 아이들의 마음을 잘 다독여주세요. 하지만 아이들이 버릇없는 행동을 할 때는 절대 그냥 넘어가지 말아주세요. 만일 그냥 넘겨주면 그건 아이들을 생각하는 게 아니라, 아이들을 망치는 결과를 가져와요. 내 아이라 생각하고 잘못된 부분은 꼭 짚어주되, 늘 사랑으로 대해주세요. 특히 'XX는 진짜 문제아이야'라고 아이에게 선입견을 두지 마세요. 아이는 인내하면 반드시 변합니다. 선생님이 그런 생각을 하는 순간 아이는 알아차려요. 그리고 선생님도 사람인지라 그 아이를 볼 때 늘 저 선입견이 작용하게 되니 아이를 대하는 행동도 달라지는 거구요."

늘 이런 말을 전달함에도 불구하고, 꼭 아이들에게 주홍글씨를 새기는 선생님이 있었다. "XX는 진짜 구제불능이에요.' 하고 말한 선생님이 몹시 질타를 받기도 했다. 아이에 대해 선입견을 가지게 되면 사람인지라 그 아이를 대할 때 자꾸 자신의 생각대로 판단하고 대하게 된다. 그러면 아이는 그런 선생님을 보며 자신을 대하는 선생님의 마음을 금방 읽어낸다. 이런 것이 반복되면 둘 사이엔 묘한 기류가 있어, 결국은 아이도 불편함을 느끼고 탈락으로 이어진다.

22년 영어교육을 하면서 얻은 큰 교훈이 있다. 아이들은 인내심을 가지고 꾸준히 지도하면 반드시 열매를 보게 된다. 실제로 학원에 A를 배우고 넘겨서 B를 배우면 A를 잊어버리는 아이가 있었다. 느리긴 했지만 다행히 선생님이 시키는 대로 성실하게 학습을 했다. 수업 후에 통과를 못해서 남는 일이 다반사였다. 초2 때 우리 학원을 찾아 왔었는데, 중3 졸업할 때에는 시험을 95점으로 마감을 해서 부모님도 놀라고 나도 놀랐다. 물론 시험점수가 모든 것을 말해주지는 않지만, A를 배우고 B를 배우면 A를 잊어버렸던 아이가 저 정도 점수를 받았다는 건 놀라운 일 아닌가.

이것이 영어교육을 하는 또 다른 보람이기도 하다. 교사들에게 인내를 가지고 교육 하라는 말을 할 때는 이 아이의 사례를 꼭 들려준다.

우리 학원은 초반부터 주 5회 수업을 고집했다. 초반에는 원어민도 세팅이 되어있어서 근처 영재원에 소속된 학부모들이 많이 문의를 했다. 원하는 대로 수강료를 맞춰줄 테니 주말에 수업을 해줄 수 있냐는 거였다. 돈이 궁한 상태라 잠깐 흔들림도 있었지만 '일주일에 5일은 수업을 하고, 주말은 무조건 충전의 시간을 가져야한다'는 내 지론을 떠올리며 정중하게 거절했다.

우리 학원은 시험기간에도 중학생들의 주말보강을 하지 않는다. 강사들에게도 평일에 열심히 하고 주말보강을 만들지 말라고 한다. 다른 학원에서 근무했던 강사들은 이런 나의 생각을 무지 좋아한다. 시험기간에는 당연히 토요일, 일요일 수업을 진행해왔었는데 너무 좋다고 했다. 평일에 열심히 지도하다 보니 아이들의 시험결과도 매우 우수한 편이다. 우리 학원에서는 90점 이하의 점수가 그리 흔하지 않다. 대부분의 아이들이 한두 개 틀려온다. 3개 이상 틀리면 창피해서 점수를 말하기가 싫다고 할 정도이다.

학원은 학원, 학부모, 학생의 3박자가 잘 맞아떨어져야 한다. 아무리 학원에서 열심히 해도 학부모와의 공감대가 형성되지 않으면, 학부모가 학원을 신뢰하는데 어려움이 생긴다. 또 학생이 학원에 재미를 붙이지 못하면 아무리 학부모가 보내고 싶어도 아이가 거부하는 것을 이겨낼 수가 없다. 신규 학생이 입회를 하면 반드시 3일 안에 전화를 드려 아이가 학원에 잘 적응하는지, 학습은 어느 정도 따라오는지, 다른 아이들과의 관계는 어떠한지 설명을 드린다. 물론 한 달에 한 번은 규칙적으로 전화를 드린다.

아이들이 새 옷을 입고 올 때, 이발을 했을 때, 스타일에 변화가 있을 때는 반드시 아는 체를 해준다.

"와~ 못 보던 옷이네? 엄마가 이렇게 예쁜 옷을 사주셨니?"

"이발했구나. 너무 멋져 보인다. 역시 남자들은 이렇게 깔끔하게 이발을 해야 해."

교사들에게도 아이들이 교실에 들어왔을 때 이런 변화를 놓치지 말고 반드시 언급해주라고 당부한다. 교사의 이런 행동을 통해 아이들은 자신에게 관심이 있다는 것을 인식하게 된다.

무엇이든 첫 단추를 잘 꿰는 것이 중요하다. 반드시 자신만의 규칙을 세우고, 학부모들에 의해 좌지우지 되지 않도록 굳건하게 심지를 지켜야 한다. 초반에는 아이들을 모집하는데 아쉬움이 있어서 이런저런 요구를 들어주기 쉬운데, 요구는 절대 1회에 끝나지 않는다. 요구는 반드시 더 큰 요구를 불러온다. 아이들 모집이 중요하지만, 무리한 요구는 잘 설득을 하고 해결하는 지혜가 필요하다. 그래야 배가 산으로 올라가지 않는다.

사람경영을 잘하는 것이
사업의 핵심이다

학원을 10년 경영하면서 가장 힘들었던 기억을 꼽으라면 나는 주저하지 않고 교사관리를 말한다. 학원을 개원하기 전에는 공부방에서 혼자 아이들을 관리했기 때문에 사람관리가 이렇게 힘들 줄은 몰랐다.

개원을 준비하면서 가장 먼저 교사를 세팅을 해야 했다. 그래서 지역 신문에 채용광고를 냈다. 개원 멤버로 처음 인터뷰를 했던 남자선생님은 키도 훤칠하고 외모도 잘 생긴 분이었다. 스튜어드를 준비하다가 시험에 실패해서, 다시 도전하기 전에 잠시 쉬어가는 의미로 학원에서 근무하고 싶다고 했다. 영어도 유창하고 외국 유학 경험도 있어서 영어로 수업을 진행해야 하는 우리 학원에는 '딱'이라는 생각이 들었다. 더군다나 아이들도 좋아한다고 해서 주저 없이 채용을 했다. 선생님의 외모 덕분인지, 조용조용하고 자상한 성격 덕분인지 아이들이 선생님을 무척 좋아하고 잘 따라서 흐뭇했다.

한 달이 채 못 되었던 어느 날 아침, 부지런히 출근 준비를 하고 있는데 한 학부모가 전화를 하셨다.

"원장님. 아무래도 선생님 때문에 학원을 그만둬야할 것 같아요. 어제 저희 아이한테 무슨 이야기를 하셨는데 저는 이해가 잘 안 되더라구요. 죄송해요."

자초지종을 모두 들었다. 일단 걱정을 끼쳐 죄송하다고 사과를 드리고, 선생님과 사실 확인을 하고 다시 연락을 드리겠다고 했다. 선생님이 출근하시고 불러서 사실여부를 확인했다. 먼저 무슨 의도로 이런 얘기를 아이들에게 했냐고 물었다. 그랬더니 선생님은 스튜어드 시험이 떨어진 게 자기에게는 충격이었고, 그 충격으로 실은 약도 복용하고 있다고 말해주었다. 우울증이 있었던 것이다. 채용 인터뷰를 하긴 하지만, 그 짧은 인터뷰 시간에 그들의 모든 상황을 파악하기는 어렵다. 빨리 다시 채용공고를 냈다.

두 번째 채용한 선생님은 여자 선생님이었는데, 착하기도 하고 수업도 잘했다. 하루는 수업을 마치고 원장실에 들어갔더니, 선생님이 내 자리에 앉아서 학부모에게 상담전화를 하고 있기에 이같이 말했다.

"선생님이 왜 제 자리에 앉아 있어요?"

선생님이 대답했다.

"원장님 자리에 전화기도 있고 편해서요."

내가 말했다.

"밖에도 전화기 있잖아요."

"그냥 여기가 편해서 그러는데 왜 여기에 앉으면 안 되나요?"

자기가 원장 자리에 앉아 있는 게 왜 잘못된 것인지를 모르고 있다는 사실이 지금 생각하면 정말 어이없고 웃음 나오는 상황이었다. 그때는 나도 사람을 다루는 게 미숙했었고, 보는 눈도 정말 없었던 것 같다. 그런 선생님과 1년 넘게 근무했으니 말이다.

여러 교사가 스쳐갔다. 그 중 한 교사는 호감형은 아니었지만 광주 모 대형 어학원에서 근무 이력이 있어 나름 기대감을 가지고 채용을 했다. 그때는 학원에 교사가 3명이었는데, 그 교사는 어찌된 일인지 출퇴근 때 인사를 잘 안 했다. 팀워크도 중요하고, 특히 가족처럼 지내기를 늘 강조했던 나는 몇 번이고 먼저 인사를 건네면서 말했다.

"선생님, 출근하면 서로 인사 좀 해요."

하지만 선생님의 이런 행동은 쉽게 고쳐지지 않았고 다른 교사와도 전혀 교류를 하지 않았다. 어느 날도 이 교사는 출근을 했는데 인사를 하지 않았다. 내가 찾아가서 먼저 인사를 건넸다.

"서로 인사를 좀 하는 게 좋잖아요."

그랬더니,

"원장님, 원장님은 왜 그렇게 제 인사를 받으려고 하세요. 인사를 꼭 받으셔야겠어요?"

하는 게 아닌가. 후에 다른 일까지 겹쳐 이 강사는 3개월 만에 교체되었다.

어떤 강사는 영어도 원어민처럼 잘하고, 아이들과 지내는 것도 너무 잘해서 아이들이 너무 좋아했는데, 매일 10분정도 지각을 하는 거다. 지금도 그렇지만 나는 약속시간에 늦는 걸 매우 싫어한다. 초기에 지각하지 말라고 몇 번이나 얘기했는데도, 웃는 낯으로 알겠다고 해놓고서는 다음날도 그 다음날도 매일매일 지각을 했다.

그뿐만 아니라 수업 준비도 전혀 하지 않았다. 아무리 영어를 원어민처럼 잘한다 해도 그날 아이들에게 가르칠 교재를 확인하고 레슨플랜을 짜는 게 우리 학원의 프로세스인데, 출근하면 햄버거를 먹거나 잡담을 하다가 수업에 들어갔다. 결국 오래되지 않아 교체되었다.

말할 수 없이 많은 에피소드가 있다. 이렇게 강사 교체가 될 때마다 사람관리에 관한 스트레스는 점점 쌓여갔다. 5년여쯤 되었을 때는 교사 때문에 더 이상 학원을 운영하기 싫다는 생각까지 들었다. 학부모나 아이들은 내가 어찌해볼 수 있지만, 강사들이 교체되는 것은 어떻게 할 도리가 없었다. 지금은 나도 전보다는 성장을 했고, 사람을 다루는 법도 알게 되었다. 그때는 내 그릇이 그리 크지 않아서 사람을 관리하는 능력이 부족했던 것이 스트레스의 주된 이유였다.

무엇보다 원장인 나의 역량이 중요하다. 아무리 일이 고되고 힘들어도 강사가 그 학원에서 비전을 발견하고 원장에게 신뢰가 쌓이면 견뎌낸다는 것을 그동안의 경험으로 알게 되었다. 어떤 일을 목표가 없이 시작하면 오래가지 않아 지치고 방향성을 잃는다. 하지만 비전이 정확하고 그 길을 내가 제대로 가고 있다는 신뢰가 있다면 어떤 시련이 와도 잘 견뎌낼 힘을 얻는다. 바로 그것이다! 강사들도 같은 방법으로 비전을 주면 된다.

요즘은 인터뷰 때 꿈이나 목표가 무엇인지를 반드시 먼저 물어본다. 꿈을 생각해본 적이 없노라고 고백하는 사람도 있고, 공부방이나 학원을 운영하고 싶은 꿈을 가지고 있다고 말하는 사람도 있다. 그런 그들에게 원한다면 제대로 훈련을 시켜주겠노라고 약속한다. 일이 고될 수도 있지만, 3년만 견디어내면 어디서 무엇이든 운영할 수 있을 정도로 훈련을 시켜줄 것과 나의 20년 넘은 노하우를 모두 공유할 것을 약속한다.

일을 시작한 후에는 약속한 대로 훈련을 시작한다. 보통은 한 달 정도 강도 높은 교육과 데모수업을 거친다. 그런 과정을 대견하게도 잘 버텨낸 강사들도 있고, 견디지 못하고 그만두는 강사도 있다. 지금의 강사들은 미래에 대한 뚜렷한 비전과 목표, 나에 대한 신뢰가 있기에 다소 힘들 수 있는 업무도 잘 감당한다.

사람의 마음을 얻기는 참 힘들다. 사람을 고용해서 사업체를 운영하고 있는 사람이라면 어느 누구나 "사람을 쓰는 일이 가장 힘들다"고 말한다. 1인 사업체를 제외하고는 사람을 고용하지 않고 사업체를 운영한다는 것은 불가능한 일이다. 사람 때문에 받는 스트레스도 많고, 때로는 그것 때문에 일을 그만두고 싶은 생각이 들 때도 있지만, 결국 사장과 직원은 상생해야 하는 관계가 아닐까.

직원은 돈을 벌 수 있는 즐거운 일터가 필요할 것이고, 사장은 믿고 일을 맡길 수 있는 듬직한 직원이 필요한 것이다. 사장과 직원의 상하 관계이긴 하지만 그것에 너무 의미를 두지 말고, 비전을 품고 같이 성장할 수 있는 즐거운 일터를 만든다면 인간관계가 주는 갈등은 분명히 줄어들 것이다.

비전을 품고 일하는 일터를 만들어주자!

그것이 당신이 할 일이다.

원장의 기량이
학원의 성패를 좌우한다

언급했던 대로 방문관리 교사, 소규모 공부방을 운영한 경험만 있었던 지라 경영에 어려움이 많았다. 정확히 말하면 3년 전까지만 해도 나는 경영자가 아닌 교사의 마인드가 가득했다.

학원을 성공적으로 운영하려면 경영을 해야 했다. 하지만 나는 교사들의 잦은 교체와 스킬 부족을 메우고자 수업을 했었기에 하루가 정말 정신없이 지나갔다. 끼니도 거르고 수업을 마치고 나면 저녁 8시가 넘었다. 그제야 정신을 차릴 수 있었다. 이미 몸은 녹초가 되고, 그 외의 학원경영에 대한 큰 그림을 그릴 시간이 없었다.

학원이 처음 오픈을 하면 확실히 소위 '오픈빨'이라고 하는 효과가 나타난다. 첫 달에 이미 40명의 아이들이 등록을 했고, 그 후에도 1년 넘게 매달 꾸준히 신규 학생들의 입회가 이어졌다. 그때는 학원의 매뉴얼이나 시스템이 확실하게 세워질 때가 아니라 수업방식도 좋은 생각이 떠오르면 한 번 시행해보고, 문제점이 발견되면 다시 조금씩 고쳐가는 등 시행착오를 하고 있을 때였다.

지금의 나였다면 매뉴얼과 시스템 확립을 최우선 순위로 했겠지만, 그때는 수업하는데 너무 많은 시간을 할애하느라 도대체 그런 생각도 하지 못했고, 여유도 없었다. 중요한 건 수업하는 게 아니었는데, 왜 그렇게 했나 싶다.

원생들은 어느덧 100명을 훌쩍 넘어 140명을 넘어섰다. 다시 교사를 한 명 더 채용해서 3명의 교사와 랩실 관리교사, 데스크 상담직원, 차량기사까지 직원은 6명으로 불어났다. 문제는 그때부터였다. 경영자로서 전혀 준비되어 있지 않은 상태에서 많은 원생들과 스텝들을 관리하다 보니 버거웠다. 교사관리 경험도 없고, 지침도 없어서 교사들의 출퇴근 시간과 해야 할 일만 거의 지시했다. 피드백을 할 엄두조차 못 냈다.

그러다 보니 교사들이 자기 멋대로 수업을 진행하는 일이 잦았다. 원생들과의 마찰로 교사 교체를 해야 하는 상황도 잦아졌다. 화순이라는 지역 특성상 교사 채용이 힘들어 급하게 교사를 채용하게 되고 또 문제를 일으키고, 다시 교체를 해야 하는 악순환이 계속되었다.

원생들이 갑자기 불어나 학원은 북적거리는데, 나는 수업을 하고 있었기 때문에 등하원시 전체 원생들의 얼굴을 보기도 힘들었다. 한 클래스를 맡아 수업을 하다보니 다른 클래스에서 수업을 하는 원생들의 수준도, 공부하는 상태도 알지 못해 학부모 상담에서도 어려움이 많았다.

나의 장점이 아이들의 상태를 금방 파악하고, 문제가 발생할 때 학부모들과 아이에 대해 의견을 나누고 해결책을 제시하는 거였는데 이제는 이런 상황 자체가 힘들게 되었다. 내가 수업 중에는 랩실 교사와 데스크 상담직원이 아이들을 통제하는 업무를 맡았다. 그들은 더더욱 이런 경험이 없다보니 원내에서 발생하는 아이들의 자질구레한 문제가 많아져 이제는 아이들을 통제하기도 벅찼다.

빨간불이 켜졌다. 어떻게 손을 쓸 수가 없었다. 이런 위태로운 날이 하루하루 지속되었다. 분명 학원의 위기가 오고 있었다. 그러나 업무 과중으로 인한 피로감, 교사에 대한 문제들을 처리하는 데에만 급급해서 뾰족한 대안을 내어놓을 수가 없었다. 일주일에 두세 번 수업하는 반을 바꿔 들어가는 임시방편으로 아이들을 그나마 조금은 파악할 수 있었다. 내가 반을 바꿔가며 수업을 한다는 소식은 다행히 학부모들의 마음을 안심시켰다.

어떤 유능한 강사도 원장만큼 최선을 다해 수업을 할 수 있을까? 그런 심리를 부모들이 알기에 내가 수업을 하는 것을 매우 좋아했다. 이미 10년 가까이 아이들을 가르쳐온 나의 노하우와 쇼맨십을 경력 2~3

년의 교사들이 따라오기는 역부족이었다. 학부모들은 전화를 해서 원장님이 일주일 내내 아이를 맡아주면 안 되겠냐고 했지만, 그때마다 "저보다 다른 선생님들이 훨씬 실력도 좋고 잘 가르치세요." 하고 말하며 거절을 했다.

실제로 요즘은 외국 연수를 다녀오지 않은 대학졸업자는 거의 없다. 그래서 영어실력은 우수한 사람들이 많다. 하지만 아이들과의 밀당, 문제 상황이 발생했을 때 즉시 대처할 수 있는 순발력은 연륜이 주는 선물이기에, 교사들은 이런 부분을 힘들어했다.

원생들은 이제 150명을 돌파했다. 하지만 내 마음은 늘 갈급했다. 우수 분원장들의 사례를 잘 알고 있었기에 '왜 나는 저분들만큼의 원생을 못 모을까?' 하며 만족을 못했다. 지금 생각하면 그때도 매우 잘하고 있었는데, 워낙 다른 원장님들의 성과가 우수하다 보니 이런 생각을 했던 것 같다.

나를 토킹클럽을 해보라며 두 번이나 권유를 했던 금자언니는 내가 전화를 해서 이런 이야기를 할 때마다 "은영아, 너는 화순이라는 시골에서 이 정도면 정말 잘하고 있는 거야"라고 늘 얘기했지만, 그때는 이런 언니의 이야기가 전혀 위로도 되지 않았고 귀에도 들어오지 않았다.

돌이켜보면 그릇도 준비되지 않았던 내게 하늘에서 이만큼의 큰 선물을 주었는데, 내 상태는 정확히 파악하지 못하고 내 그릇을 키울 생각은 하지도 않으면서, 더 큰 것만 바라는 어리석은 모습이었다. 아무

것도 없이 그저 열정 하나만으로 시작했던 나. 학원을 시작하는 사람들에게 강력하게 말해주고 싶다. 하늘은 자기가 준비된 그릇만큼 부어주신다는 걸.

사이토 히토리의 《그릇器》이라는 책에는 사람의 기량 3가지가 소개되어 있다. 첫 번째는 모든 일을 내가 해야 하는 사람. 두 번째는 네가 잘하는 일은 네가 하고, 내가 잘하는 일은 내가 하게 하는 사람. 세 번째는 내가 잘할 수 있는 일도 다른 사람을 격려하고 도와줘 결국은 다른 사람의 손에 꽃다발을 쥐어주는 사람. 읽으면서 느끼겠지만 첫 번째 경우가 가장 그릇이 적은 사람이다.

개원할 때 나의 모습이 딱 첫 번째 모습이었다. 영어강사로서의 경력이 15년 정도 되었으니 다른 강사들의 강의가 눈에 찰 리가 없었다. 그래서 그들을 믿지 못하고 직접 강의에 뛰어들었고, 모든 일을 최종적으로는 내가 체크를 하고 나서야 마음이 편했다(물론 학원 특성상 원장들이 직접 강의를 하는 학원이 아직 많다. 그게 잘못 되었다는 것은 아니다). 그러니 몸은 당연히 피곤해지고, 경영지식도 없는데다가 간섭하는 일은 많으니 스트레스 지수도 당연히 최고치였다.

지금은 내가 할 수 있는 일도 될 수 있으면 강사들에게 위임을 많이 한다. 해보라고 하면 어떨 때는 강사들이 "제가 못할 거 같아요"라고 하는 경우도 있는데, 이럴 때는 나의 경험과 이렇게 해보면 잘 풀릴 수 있을 거라고 대략적인 개념을 주고, 하다가 막히면 언제든지 도움을 요청하라고 한다.

결과는 어떻게 될까? 다들 추측하겠지만 내가 기대했던 것보다도 훨씬 더 좋은 아이디어와 결과물을 가지고 온다. 내가 모든 일을 처리하려고 할 때는 나의 아이디어와 행동 패턴이 거의 제한적이기 때문에, 결과물도 거의 비슷해질 수밖에 없다. 하지만 '백짓장도 맞들면 낫다'는 말이 있듯이 여러 명이 머리를 맞대고 고민하면 정말 멋진 결과가 나오는 경험을 여러 번 맛보았다.

사람들이 흔히 하는 착각이 '내가 없으면 이 조직이 돌아가지 않을 것이다'라는 것이다. 천만에! 내가 없어도 그 자리와 하는 일은 다른 누군가에 의해 잘 돌아가게 되어 있다. 나의 이러한 착각을 깨는데 자그마치 5년 이상이 걸렸다. 일을 위임하고 시스템을 만들고 나니 강사들의 나에 대한 의존도도 확실히 줄고, 독립적으로 일을 처리하려고 노력하는 모습도 생겼다.

물론 최종 보고는 당연히 받는다. 하지만 웬만한 잘못 아니고서는 그들의 의견을 잘 수렴해주고, 혹시나 보충할 것이 보이면 '이러이러한 것을 넣으면 어떨까?' 하는 식으로 마무리를 한다. 한 조직이 성공한 조직이 되려면, 구성원들이 자신들이 직원이 아니라 사장처럼 생각하고 행동하면 된다고 한다. 그만큼 조직원을 인정해주고, 조직원들은 책임감 있게 일을 처리한다는 뜻이리라.

"자신이 모든 일을 처리하고 결정해야 한다는 생각을 이제 그만 내려놓아라!"

"하고 있는 일을 시스템화하라. 그리고 위임할 수 있는 일은 타인에게 위임하라!"

분명 더 편안하고 효율적인 경영을 할 수 있을 것이다.

학원경영의
시행착오를
줄이는 방법

03

학부모와 아이를
동시에 사로잡아라

개원을 했던 2008년에는 화순에도 이미 알만한 영어학원이 꽉 차 있었던 차라, 후발주자였던 나는 무언가 차별화된 것이 필요했다. 나름 차별화된 인테리어와 좋은 환경으로 학부모들의 관심을 받을 수 있었지만 그것만으로는 부족했다. 어차피 시간이 가면 인테리어에 대한 흥미는 식을 수밖에 없기 때문이다.

어떻게 하면 학부모를 내 편으로 만들 수 있을까?

많은 자기계발서에서 늘 '약점을 보강하려고 하지 말고, 강점에 집중하라'고 말한다. 그래서 난 '나의 강점은 과연 뭘까?'를 많이 생각했다. 처음 보는 사람과도 금방 벽을 허물고 편안히 대하는 것이 나의 강점이었다.

이제 막 오픈한 학원에 아이를 보냈던 어머니들은 아이의 상태도 궁금하고, 학원도 다시 보고 싶은 마음에 초기에는 자주 학원을 오셨다. 어머니들이 이야기를 시작하면 너끈히 한 시간은 넘어갔다. 그래도 싫은 내색하지 않고 집중해서 공감도 해드리고 얘기를 들어드렸다. 집에 돌아가실 때면 마음이 너무나 답답했었는데, 다 얘기하고 나니 마음이 편해진다고 하며 흡족한 표정으로 돌아가셨다.

주부들은 하루 종일 집에만 있기 때문에 누군가 자신의 이야기를 들어주는 것을 좋아하고 필요하겠다라는 생각을 했다. 그래서 일단은 학원을 사랑방화 하기로 했다. 언제든 오시면 반갑게 맞아드리고, 이야기를 듣고, 아이에 대한 문제점은 같이 답을 찾아갔다. 이것이 나의 첫 번째 학부모를 대하는 방법이었다.

두 번째, 돈에 대해서는 일관성 있게 정확히 행동했다. 우리 학원은 수강료에 대해 전혀 혜택이 없었기에 학부모님들은 아마도 나에 대한 선입견이 '짠순이' 정도나 아니면 '자린고비' 정도가 아니었을까 싶다. 다른 학원에서는 학부모 여럿이 몰아가면, 교육비를 깎아주는 건 물론 많은 선물도 주었다. 더구나 형제할인 혜택도 주었다. 그에 비해 우리 학원은 이런 것이 전혀 없이 형제가 함께 등록한 경우에만 가입비 3만 원을 면제해주었다.

하지만 이건 내가 자린고비여서가 아니라 전에 말했듯이 한 번 요구 사항을 들어주면 그보다 더한 요구를 계속 들어주어야 했기 때문이다.

어떤 회원은 자기만 몰래 깎아달라고 절대로 소문을 안 낼 거라고 하기도 했지만 정중히 거절했다. 세상에 비밀은 없을뿐더러, 한 번 규율이 흐트러지면 걷잡을 수 없다는 걸 알고 있었기 때문이다.

회원 소개를 해주시면, 신규 회원에게 혜택을 주는 것이 아니라 기존의 어머니들께 혜택을 드렸다. 새로 가입한 어머니들에게는 기존 어머니들이 돈을 아껴주신 거라고 오히려 기존 어머니들을 높여드렸다. 다른 학원으로 가셨으면, 몇 년 동안 시간 낭비·돈 낭비 할 수도 있었는데 소개해주셔서 이렇게 낭비 없이 좋은 학원을 선택하게 되셨으니 밥 한 끼 대접하시라고 했다.

기존 회원 어머니들도 신규로 오신 어머니들에게 혜택을 좀 주라고 말씀하셨지만, 나는 "어머니에게 혜택을 드리고 싶어요. 제가 말씀드린 대로 저 어머니는 이미 어머니 때문에 좋은 혜택을 받으신 거예요. " 하고 답했다.

소개 선물로는 초기에는 도서문화 상품권을 드리기도 하고, 과일을 한 박스 보내기도 했다. 최근에는 카카오톡으로 기프티콘을 많이 드렸다. 선물을 드릴 때도 저렴한 것이 아닌 가장 좋은 품질의 것을 골라서 어머니들이 미안함을 느낄 정도로 드렸다. 어떤 어머니들에게는 내가 생각한 선물의 가격만큼 다음 달 교육비 결제 때 할인을 드리기도 했다. 워낙 회원 한 명 한 명의 상황을 잘 알기에 무엇이 가장 필요한 건지 알 수 있었다.

아이들이 매 학기 마치고 방학이 되면, 화순 관내 중학교에서는 과목 성적우수상이라는 것을 준다. 영어성적우수상을 받아온 아이들에겐 상장을 보여주기만 하면 문화상품권을 주었다. 중간고사와 기말고사에서 만점을 맞은 중학생들에게는 축하 메시지와 함께 어머니들에게 모두 빙수 기프티콘을 보낸 적도 있다. 그간 아이들을 키우느라 수고하신 어머니들의 마음을 조금이라도 기쁘게 해드리고 싶었다. 초등학생은 영어시험이 쉽기도 하고, 대부분 만점인지라 중학생들만 혜택을 주었다.

올해에는 초등학교를 졸업하고 중학교에 진학하는 6학년 14명에게 무슨 졸업선물을 줄까 하다가 한참 제철이었던 딸기를 한 박스씩 아이들 편에 보내드렸다. 보통은 피자와 치킨을 주문해서 수업 후에 먹게 했었는데, 올해는 딸기를 가운데 두고 온 가족이 둘러앉아 즐거운 이야기꽃을 피워보시라는 의도였다. 한 박스에 2만 원 정도라 부담스럽긴 했다. 피자 파티를 할 때보다 족히 5배 정도는 더 비쌌던 것 같다.

하지만 기왕 선물을 할 때는 최상의 것을 드리자는 내 의도대로 박스에 각자의 이름이 적힌 축하 메시지를 인쇄한 스티커를 붙여서 보내드렸다. 결과는 대성공이었다. 그날 저녁 14명의 어머니들에게 모두 감사의 문자를 받았다.

어떤 어머니는 올해 들어 처음 딸기를 먹었는데 너무 싱싱하고 맛있다고 감사 문자를 보내주셨다. 딸기 하우스 농사를 하시는 지인을 통해 당일 출하된 딸기였으니 당연히 맛이 있을 수밖에 없었다. 이렇게까지 모두 문자를 주실 거라고는 기대하지 않았는데 내 마음도 무척이나 감동적이었다.

아이들은 늘 변화무쌍하다. 오늘은 정말 즐겁게 수업을 하다가도, 어느 날은 어깨가 축 쳐져서 학원을 들어오기도 한다. 교사들도 통제가 불가능할 정도로 장난꾸러기인 아이들도 있다. 이런 아이들은 절대 지나치지 않고 원장실로 부른다.

아이가 들어오면 먼저 이유를 묻고 그 아이의 이야기를 들어주고 공감해준다. 너무 피곤하거나, 정말 오늘만큼은 수업을 진짜 하기 싫다고 하는 아이가 있다면 일부러 수업을 들어가라고 하지 않는다. 정말 피곤하다고 하는 아이에게는 괜찮으니, 엎드려서 10분이라도 눈을 붙이라고 한다. 처음에는 이게 무슨 상황인지, 정말 잠을 자도 자는지 어리둥절해하는 아이에게 설명을 해준다.

"네가 공부를 하고 싶어도 몸이 피곤하면, 절대로 뇌가 받아들이지를 않아. 그러니 잠깐이라도 자는 게 좋아. 10분 후에 선생님이 깨울 테니 괜찮아지면 공부를 하든지, 그래도 회복이 안 되면 더 자도록 해. 그래야 수학학원에 가서라도 제대로 공부할게 아냐."

그럼 아이는 안심하고 휴식을 취한다. 어머니에게는 전화나 문자로 이런 사실을 알리고 내일 보충을 시킬 거니까 안심하시라고 한다.

장난이 무척 심한 아이도 늘 내 차지다. 이런 아이일수록 주목받고 싶어 하는 의도가 숨어 있다. 이런 아이도 원장실로 불러서 왜 그렇게 장난을 치는지 묻고 이야기를 들어본다. 그리고 단번에 그만둘 수 없으니, 조금씩 줄여보는 게 어떻겠냐고 하면서 둘만의 협상을 한다. 이야기를 한 후 지킬 수 있는지 여부를 묻고, 지켜보겠다고 하면서 손가락을 걸어 약속을 한다. 그러고 나서 꼭 맛있는 먹거리를 손에 쥐어주고 이렇게 말한다.

"선생님이 특별히 너만 주는 거야. 다른 친구들이 보면 안 되니깐 얼른 가방에 넣어."

그러면 아이들은 둘만의 비밀이 생긴 것에 뭔가 모를 쾌감을 느끼며 얼른 가방에 넣고 즐겁게 원장실을 나선다. 금방 행동이 바뀌지는 않지만 분명 좋아지긴 한다. 아직은 어린아이이기에 먹을 것이 주는 힘은 크다. 불러다놓고 이야기만 하면 그건 잔소리처럼 느낀다. 무언가를 같이 먹으면서 이야기를 하면 굉장히 편안한 분위기가 된다.

질풍노도의 핵심인 중학생도 마찬가지다. 이 아이들은 가장 나와 상담을 많이 한다. 아이들이 등원할 때 표정을 봐서 표정이 개운치가 않으면, 조용히 곁으로 다가가서 무슨 일이 있는지를 묻는다. 아이가 머뭇거리거나 기분이 안 좋은 것 같으면 손을 이끌고 원장실로 가서, 나만의 비상식량을 꺼내 주며 이야기를 시작한다. 아이들에겐 우리 둘이 나눈 이야기는 우리 둘만의 비밀이니 걱정하지 말라고, 수업도 하기 싫으면 하지 말고 나랑 이야기만 해도 된다고 한다.

나는 아이들에게 스승이 아닌 멘토가 되고 싶다. 나도 세 딸의 엄마이지만 엄마는 아이들에게 객관적인 입장을 취할 수 없다. 아이들도 엄마에게는 편히 털어놓지 못하는 이야기가 많다. 이런 상황을 알기에 아이들에게 엄마 아빠한데 하지 못했던 이야기를 나에게 편히 털어놓으라고 한다. 다행히 이미 공간대 형성이 잘되어서 아이들은 마음속의 이야기를 잘 들려준다. 내가 해줄 수 있는 것은 공감뿐이다.

"그랬구나. 네가 힘들었겠다."

이래서 엄마는 엄마인가보다. 이야기를 마치고 한결 가벼워진 표정으로 나서는 아이들을 보며 사명감을 더더욱 느낀다. 가끔 너무 심각한 아이는 손을 잡고 학원을 나서서 분식집에 가거나 카페에 가기도 한다. 맛난 것을 사주고, 아이의 이야기를 들어준다. 요즘 아이들은 물질적으로는 많이 풍요로워졌지만, 너무나 고단하고 외로운 삶을 산다. 학원에 치여 저녁 10시 반, 11시에 귀가한다.

이런 아이들이 남 같지가 않고 다 내 자식 같다. 이런 내 진심을 알기에 호랑이 같이 무서운 나지만, 아이들은 나에게 미운 감정을 갖지 않는다. 등원을 하면 내 방에 들러 꼭 인사를 건네고, 군것질거리도 건네준다. 아이들과 이런 관계를 꼭 만드시길 권한다. 아이들과 이런 탄탄한 관계가 형성되면 학부모들의 신뢰감도 더욱 두터워진다.

어디서든 인간관계를 저버리고서는 성공할 수 없다. 사업을 키우는 것도 중요하지만 먼저는 학부모와 아이들의 마음을 사로잡는 나만의 특별한 노력이 필요하다.

사람이 먼저다. 돈을 쫓아가면 인간관계는 당연히 어려워질 수밖에 없다. 나의 진심을 그들은 금방 알아차린다. 진심으로 아이들과 학부모들을 대하라. 그러면 그들은 끊을 수 없는 신뢰감을 바탕으로 당신의 충성스러운 고객이 될 것이다

강사 관리,
같은 마인드를 갖게 하라

학원을 경영해본 사람이라면 가장 어려움을 겪는 부분이 강사관리이다. 나도 가장 어려웠던 부분이었다. 초반에는 나 스스로가 그릇도 적고, 학원의 방향성에 대해 정리가 안 된 상태였기 때문에 말 그대로 급하게 교사를 채용하는 경우가 많았다. 그러니 정말 각양각색의 강사가 채용되었고 오래 가지 못했다.

학원업무는 과중해지는데 강사까지 속을 썩이니 이것 때문에 학원을 그만두고 싶다는 생각까지 들었다. 하지만 학원이 나아갈 방향이 정립되자 교사들의 인터뷰 방법 자체가 바뀌었다. 이제는 우리 학원의 미션과 경영방침을 말하고, 같이 해볼 생각이 있냐고 묻는다. 강사가 그 자리에서 오케이를 해도 즉석에서 채용하지 않는다. 반드시 2~3

일의 생각할 시간을 준다. 강사들은 학원을 평생직장이 아닌 몇 년간 스쳐가는 곳으로 생각하기에 단기간에 그만두는 일이 많다. 이런 일을 줄이고자 생각할 시간을 주고, 자신의 행동에 조금이나마 책임감을 느끼게 하는 나만의 방법이다. 이런 방법을 쓴다고 해서 모두 장기로 근무하지는 않지만 전에 비해 근무연수는 확실히 길어졌다.

우리 학원은 아무리 경력이 화려해도 한 달은 반드시 인턴과정을 거친다. 기존의 학원 시스템에 익숙해져 있는 강사에게 우리 학원 고유의 시스템을 익히기 위한 기간을 거치는 것이다. 우리 학원은 '문법 마인드맵'이라는 독특한 시스템이 있다. 그러기에 기존의 경력을 가진 강사들도 이 시스템을 반드시 익혀야 한다. 하지만 기존의 나열식 판서에 익숙해진 강사들은 마인드맵을 익히는 것을 매우 힘들어 한다.

우리 뇌는 도해를 훨씬 더 잘 기억한다. 마인드맵으로 문법을 정리하면 한눈에 들어오는 이점도 있지만 무엇보다도 나열식보다 훨씬 더 오랜 시간을 기억한다. 내가 각 문법의 파트를 모두 마인드맵으로 그리며 설명해주고, 강사들은 따라 그린 후 다음 날에는 내 앞에서 그대로 강의를 해보게 한다. 힘들어 하긴 했지만, 나중에 수업을 거듭할수록 확실히 마인드맵이 효과적이라는 말을 한다.

개원 초기에는 내 그릇이 너무 작았기에 나의 성장, 내 그릇 키우기에 관심이 많았다. 하지만 시간이 지날수록 나의 생각은 바뀌어갔다. 내가 아무리 수직적인 성장을 해서 마인드가 바뀌더라도, 강사들의 마인드가 바뀌지 않는다면 효율이 떨어진다는 생각이 들었다. 수업 현장에서 직접 뛰는 것은 강사들인데, 내가 아무리 좋은 아이디어가 있어서 적용을 하고 싶어도, 그들의 생각이 바뀌지 않고, 공유되지 않는다면 의미가 없다는 생각이 들었다.

'어떻게 하면 이들의 생각을 바꿀 수 있을까?'

'이곳을 스쳐가는 곳이 아닌 직장으로 생각하게 할 수 있을까?'

고민하던 끝에 내린 결론이 독서이다. 나의 성장에 가장 큰 영향을 주었던 책. 경영자의 마인드가 부족하여 답답한 마음에 성공한 경영자의 책들을 미친 듯이 읽기 시작했는데, 이것이 단기간에 내가 경영자로 성장하는데 큰 도움을 주었다.

'그래, 이걸 그들에게도 주자.'

그래서 시작한 것이 2주에 한 번 실시하는 교사 독서모임이다. 물론 쉽지 않았다. 업무에 늘 바쁘고 피곤한 교사들에게 독서를 하는 것은 어찌 보면 부담으로 다가올 수도 있었다. 하지만 독서모임을 시작할 때 함께했던 강사들은 책을 싫어하지 않아서 쉽게 접근할 수 있었다.

지금은 인터뷰 때 독서모임을 얘기한다. '우리 학원은 2주에 한 번 성장을 위해 독서모임을 한다. 만일 독서모임을 거부한다면 우리와 함께할 수 없다. 아이들에게도 글로벌 인재가 되기 위해 독서를 해야 한다고 늘 말하는데, 강사가 독서를 하지 않는다면 언행불일치가 아닐까. 그래서 우리 학원에서 근무를 하고 싶다면 독서모임은 선택이 아니라

필수이다.'

　인터뷰 할 때 독서모임을 한다는 것이 좋아서 마음을 굳힌 강사가 있는 반면, 대부분은 독서에 대해 부담을 가지는 경우가 많았다. 하지만 부담은 갖지 말고 독서를 하겠다는 마음만 가지고 오라고 한다. 독서모임을 하면서 같은 책을 가지고 느낀 점을 나누다 보면 '같은 글을 보면서도 저렇게 다른 생각을 하는구나, 역시 사람은 정말 다르구나.' 하는 걸 절감한다. 서로 나누면서 위로와 좋은 에너지도 받고, 책을 통해 조금씩 생각의 틀을 깨고 성장하는 강사들을 보면 쉬운 결정은 아니었지만 참 잘했다는 생각도 든다.

　누구는 강사와 선을 긋고 절대로 친하게 지내지 말라고 한다. 하지만 나는 강사와 친근한 관계를 유지한다. 그래서인지 강사들 때문에 배신으로 인한 인간적인 상처도 많이 받는다. 주위의 우려와는 달리 도대체 그 선을 지키는 게 나에게는 너무나 힘이 든다. 좋은 일이 생기면 커피를 함께 나누고, 힘이 들어 보이면 점심도 같이 먹는다. 강사 생일에는 반드시 선물을 챙기고, 수업 말미에 케이크에 초를 붙여서 강의실에 들어가 아이들과 함께 생일 축하 노래도 불러주고 축하를 해준다.

　물론 내 방법이 전적으로 옳다는 것은 아니다. 학원의 문화는 원장이 만들어가는 것이다. 누구는 안 된다고 하지만 나는 이런 내 방식이 좋다. 친근함을 유지하지만 잘못된 모습이 보일 때는 불러다가 호되게 야단도 친다. 어떤 원장은 강사가 그만둘까봐 무서워서 야단도 못 치겠다고 하는데, 그건 올바른 방법이 아닌 것 같다. 강사가 그만 둘까봐 그냥 넘어가면 그 강사는 그게 잘못된 건지를 모르고 계속하게 되고, 결국은 학원에 영향을 미치게 된다.

어떤 사업이든지 사람을 다루는 일이 가장 스트레스 받고 힘든 일이다. 그렇다고 사람을 쓰지 않을 수는 없다. 어찌 보면 강사는 학원의 얼굴이며 거울이다. 그들이 어떤 얼굴로, 아이들을 어떻게 대하느냐에 따라 학원의 이미지가 좌우된다. 인간적인 신뢰를 바탕에 깔되 업무는 철저하게 훈련시키는 것이 좋다. 대부분 학원에서는 강사들에게 자율권을 주고 알아서 수업을 진행하도록 하는데, 학원의 모든 업무와 티칭 스킬은 어느 정도는 통일시키는 것이 바람직하다.

그래야 강사가 교체되어도 원생들의 혼란도, 학부모의 불평도 줄어든다. 어떤 강사가 어떤 것을 가르쳐도 가르치는 내용이나 방법이 어느 정도 통일되어 있다면 그들은 안도감을 느낀다. 쉬운 일은 아니라고 반드시 밝히고 싶다. 우리 학원도 신규 강사를 어느 정도 훈련시키고 안착시키는 데는 거의 한 달가량이 소요된다. 빠르면 한 달이다. 더 오래 시간이 걸릴 때도 있다. 훈련기간은 힘들지만, 훈련을 제대로 하고 난 후에는 반드시 뿌듯함을 느낀다.

꼭 기억하라!

"관계는 친밀하게, 잘못된 업무 지적은 냉철하게!"

원장의 그릇을 키워라
3P 자기경영연구소를 만나다

아침 9시에 출근해서 저녁 9시까지 하루 종일 강의에 매달리며 살던 초기 개원 시절, 어느 누구보다 열심히 최선을 다해 살았다. 내 열심이 사라지고, 빚으로 시작한 내 사업이 실패라도 한다면 이건 정말 끔찍한 일이었다.

하지만 앞에서도 언급한 대로 시간이 지날수록 경영자 마인드가 전혀 없었던 내게 한계가 느껴지기 시작했다. 강사관리도 힘들었고 초반에는 학원 시스템도, 매뉴얼도 없었기에 빈번하게 강사가 교체되었다. 그래서 신규 강사에게는 학원 수업방식을 앵무새처럼 매번 반복하면서 설명을 해주어야 했다.

그것도 하루 이틀이지 강사 교체 때마다 이것을 해야 하니 무척 힘든 일이었다. 그렇다고 성격상 교육을 시키지 않을 수가 없어 강사가 교체될 때마다 두려움이 생길 정도였다. 초반에는 교수부장도 없었고 온전히 교사 교육은 내 차지였기에 더더욱 그랬다. 한계에 다다랐다는 게 느껴져 방법을 찾아야했다.

어떻게 하면 내가 부족한 경영자의 마인드를 키울 수 있을까 고민했다. 누가 가르쳐주지도 않았다. 강의 하는 곳을 찾아다니며 들을 정도로 정보가 있었던 것도 아니었다. 나름 생각하기에 가장 단기간에 효과적으로 할 수 있는 게 독서라고 결론을 내리고, 성공한 경영자의 노하우가 담긴 책들을 구입해서 읽었다. 하지만 읽기만 하고 적용을 하지 않았기에 학원의 큰 변화를 불러오지는 못했다.

그러던 어느 날 화순 지역 원장 모임이 있다고 해서 찾아갔다. 거기서 나의 은인 박미숙 원장을 만났다. 그때는 인사만 하던 사이였는데, 매번 보면 다이어리 같은 것에 꼼꼼하게 메모를 하던 모습이 인상 깊었다. '나도 메모하는 걸 좋아하긴 하지만, 저분은 참 대단한 것 같아. 굉장히 꼼꼼하신 분이겠다'라는 생각이 들었다. 마침 그때 큰딸의 수학 학원을 고민하던 차라 그 원장님에게 아이를 맡기게 되었다.

전에 원장님이 나에게 다이어리 같은 바인더와《본깨적》이라고 하는 책을 권해 주셨다. 그때는 그것이 크게 내 마음에 다가오지를 않았다. 그런 원장님이 2014년 12월경 문자를 한 통 보내셨다. 바인더를 만드신 대표님이 광주에서 처음으로 강의를 개설하시는데 혹시 들어볼 생각이 있냐고? 묻는 문자였다. 학원경영과 나의 그릇에 대해 늘 고민하고 있던 차라 당장 원장님께 전화를 걸었다. 일시를 묻고 신청을 어디서 하면 되는지 구체적인 정보를 알아내고는 1번으로 등록을 했다. 그때는 무엇이라도 잡고 싶었다. 내가 성장하지 않고 지금 이 상태로 있게 된다면 학원의 존폐도 확신할 수 없을 것 같았고, 무엇보다도 나의 한계가 점점 느껴져 버거웠다.

강규형 대표의 책 《성과를 지배하는 바인더의 힘》을 사서 읽으며 왠지 모를 기대감에 한 달 넘게 기다렸다. 2015년 1월 10일, 드디어 그날이 되었다. 강의 장소에 시간보다 일찍 도착했다. 1번으로 등록을 해서인지 강단 바로 앞자리에 내 자리가 있었다. 8시간 강의를 듣는 내내 어찌나 가슴이 뛰던지 그 감격을 도저히 잊을 수가 없다. 내가 너무 알고 싶었던 시간관리와 자기관리에 관한 열쇠가 거기 있었다.

강의 도중 너무나 격하게 공감한 나머지 몇 번이나 '아멘'을 외칠 뻔했다. 갈급했던 마음이 촉촉하게 젖어드는 느낌이었다. 강의가 끝나고 마지막으로 소감문을 적는데, 이유 없이 눈물이 쏟아졌다. 내가 찾던 질문의 해답을 만났다는 기쁨이 아니었을까 싶다. 집에 오는 내내 눈물이 그치지를 않았다. 강대표님도 나를 기억하는 게 바로 그때의 '눈물'이다.

그것이 계기가 되어 3P자기경영연구소에서 바인더와 독서강의를 듣기 시작했다. 늘 시간에 대해 일종의 강박증 같은 게 있었던 나는 시간을 잘 관리하지는 못하면서 늘 쫓기는 삶을 살았다. 약속시간을 잡아두면 2시간 전부터 가슴이 두근거려 빨리 준비를 하고 미리 도착을 해야 편해졌다. 이런 내 자신이 항상 못마땅했지만 도저히 방법이 없었다. 그런데 바인더를 쓰기 시작하면서 미리 시간을 계획하고 하루를 시작할 수 있다보니 증상도 많이 완화되었다.

2015년 1월, 바인더 프로과정을 시작으로, 독서 기본과정, 6월에는 심화과정인 독서 리더과정을 시작했다. 책에서 좋은 내용을 많이 읽었지만 책을 덮으면 전혀 기억이 나지 않는 그런 경험이 다들 있을 것이다. 이런 증상이 '본깨적'이라는 독서법을 접한 후로는 변화가 있었다. 더욱이 '1 book, 1 message, 1 action'을 기본으로 한 책에서 좋았던 내용을 완전히 내 것으로 만들기 위한 적용을 찾고 노력하다 보니 조금씩 학원의 변화도 생겼다.

독서 리더과정이 3개월 과정이었는데 과제가 만만치 않았다. 일주일에 책을 한 권 읽고 책 속에 '본깨적'을 정리하고, 리포트처럼 '본깨적' 노트를 작성했다. 책에 인덱스까지 붙여야 했다. 독서 리더과정을 이수하려면 8권의 책을 이렇게 8주 동안 끝내야 했다. 처음 이수하는 심화과정이라 힘들기도 했다. 더구나 업무와 병행을 했기에 하루에 1시간만 자고 출근하는 경우가 많았다. 성격상 마감시간을 넘기는 것을 싫어해서 지금 생각하면 미련하다 할 만큼 집중했던 것 같다.

불광불급不狂不及이라 했다. 어떤 일을 하는데 있어서 미치광이처럼 그 일에 미쳐야 목표에 도달할 수 있다는 말이다. 미쳐서 집중한 결과 전국에서 모여든 독서리더 8기 중 수료식 때 MVP를 수상했다. 존재감도 없었던 전라도 아줌마의 힘을 보여주었다.

학원에 변화가 일어났다. 책을 읽고 적용점을 찾아 실행을 해야 했기에 《탤런트 코드》라는 책을 읽고 적용으로 학원의 매뉴얼과 시스템을 만드는 작업을 시작했다. 지금도 정비를 거듭하고 있지만, 이 작업 덕분에 신규 강사교육이 아주 편해졌다. 끊임없이 독서를 하기 때문에 성장도 확연해졌고, 예전처럼 책 내용을 금방 잊어버리지 않으니 다른 사람들에게도 좋은 내용을 많이 들려주며 나의 씨앗도서를 권할 수도 있었다. 지금도 친구나 지인들은 서점에 가면 내게 무슨 책을 사야할지 추천해달라는 연락을 많이 한다.

또 하나의 무기인 바인더를 사용하면서도 많은 변화가 있었다. 가장 큰 변화는 일을 우선순위를 매겨 처리하는 것이었다. 예전에는 A라는 일을 하다가, 갑자기 해야 할 일이 생각나 B를 처리하다가, 또 생각나면 C를 처리하는 등 일의 우선순위가 제대로 매겨지지 않아 허둥지둥 일처리를 하기가 일쑤였다. 이러다 보니 시간 낭비도 심하고, 업무를 미루기도 하고 우선순위를 매기지 않아 덜 중요한 일을 먼저 처리하느라 정작 중요한 일을 빠뜨리는 경우도 많았다.

바인더과정도 프로를 거쳐 코치, 마스터과정을 모두 이수했다. 코치과정은 2개월, 마스터과정은 4개월이다. 2015년 1월부터 2016년 6월까지 2년이라는 짧지 않은 기간 동안 많을 때는 1주일에 2~3번씩 정신 없이 서울을 오갔다. 바인더 마스터과정을 공부할 때는 새벽 5시 30분 첫 KTX를 타고 가서 다음 날 새벽 3시에 버스를 타고 귀가하는 생활을 4개월 정도 지속했는데, 이때도 힘들기는커녕 너무 즐거웠다. 지금 이런 생활을 하라고 하면 도저히 할 엄두가 나지 않을 것 같지만 그때는 내가 찾아 헤매던 모든 것들을 할 수 있었기에 감사하기만 했다.

바인더를 사용한 후로는 하루의 계획을 미리 세우고 to-do list에 해야 할 일을 우선순위에 따라 정리하고 피드백을 하면서 처리했다. 그러다 보니 이것저것 순서 없이 일을 처리하는 경우도 없어졌고, 해야 할 일을 빠뜨리는 경우도 없었다. 또 매일의 생활을 기록하다 보니 나중에 도움을 받을 일이 많아졌다. '선명한 기억보다 흐린 잉크가 낫다'고 하지 않든가. 지금 우리 학원의 모든 서식은 A5로 만들어져 모두 서브 바인더에 정리가 되어 있다. 심지어 업무일지나 학생관리 카드도 모두 A5를 사용한다. 우리 학원의 독특한 무기인 '문법 마인드맵'도 이 과정에서 알게 된 마인드맵을 학원 업무에 적용시킨 사례이다.

2년이라는 기간이 무척 힘들기도 했지만, 바인더와 독서라는 좋은 무기가 있었기에 나는 눈에 띄게 성장했다. 나는 잘 모르겠지만 주변 사람들이 많이 달라졌다고 한다.

먼저 독서 리더과정을 하면서 적용점으로 체중감량을 잡아 독서 리더방에 공개선언을 했다. 한 달 만에 과일식과 운동으로 5킬로그램

감량했고, 1년 동안 총 10킬로그램을 감량해서 지금은 외모도 훨씬 젊어졌다. 책으로 다이어트까지 성공할 수 있다니 매력적이지 않은가.

독서를 꾸준히 하면서 깨닫는 것을 기록하고 적용하는 훈련을 하니 생각하는 것도 많이 달라졌다. 학원 초반기에 비해 강사들을 대하는 모습만 봐도 훨씬 부드러워졌고 인격적으로도 많이 성장이 되었구나 싶어서 뿌듯하다.

인맥도 더욱 넓어졌다. 낯설었던 서울, 지하철 타기도 힘들어했던 나를 근 1년 동안 자가용으로 늘 태워준 장재훈이라는 좋은 기도의 동역자도 만났고, 3P와 만나게 해준 박미숙 원장은 나의 독서친구가 되었다. 아는 이라고는 다섯 손가락으로 꼽을 정도였던 서울에 이제는 꽤 많은 인맥이 형성되었다. 좋은 저자 특강이나 좋은 사람들을 만나 에너지를 충전하고 싶을 때는 지금도 3P자기경영연구소를 찾는다. 강규형 대표님은 내 일생에 잊지 못할 귀한 은인이다.

2년여 동안 서울을 오고갈 때 다행히 강사들이 든든하게 학원을 지켜주었다. 원생들도 학부모들이 '원장님 어디 가셨냐?'고 물으면 '엄마는 그것도 몰라. 화요일은 원장님 서울에 공부하러 가는 날이잖아.' 하며 든든한 대변인이 되어주었다.

좋은 내용을 들여와서 학원에 조금씩 적용을 하니 학부모들도 좋아했다. 마인드맵이 좋은 줄 알았지만, 화순이라는 시골에서는 어디서 배울 수 있는지도, 배울 엄두도 나지 않았는데 너무 감사하다고 하셨다. 대부분 원장들이 개원 후로는 그저 현실에 안주하는 경우가 많은 데, 늘 새로운 것을 배우고 도입하려는 발빠른 노력을 해주니 감사하다는 응원도 보내주셨다.

고여 있는 물은 썩을 수밖에 없다. 급변하는 세상 가운데 노력하지 않고 안주해도 되는 상황은 하나도 없다. 한 조직의 리더가 깨어있느냐 그렇지 않느냐는 그 조직의 성패를 좌우한다. 그러기에 늘 새로운 정보에 귀를 기울이고 변화하려는 노력을 게을리 해서는 안 된다.

원장이 없는 날을 만들어라
시스템과 매뉴얼의 힘

학원을 경영하는 원장이라면 누구나 가지고 있을 법한 만성피로. 아마 격하게 공감할 것이다. 하루 종일 학부모, 학생, 교사관리 하는 것도 힘든 일인데, 신규 교사라도 들어오면 교육을 시키는 것이 정말 힘들다.

대형 학원을 제외하고 대부분의 학원에서는 형식화된 시스템과 매뉴얼을 아마도 보기가 힘들 것이다. 3년 전만 해도 나도 마찬가지였다. 매번 신규 강사가 들어오면 한 달 동안을 학원의 수업 시스템이며 자질구레한 일을 교육시키느라 앵무새처럼 같은 내용을 반복해야 했다.

처음에는 힘든 줄도 모르고 시작했던 일이 잦은 학원 강사의 교체로 반복되니 이건 정말이지 중노동이었다. 출근시간보다 1시간 일찍 나와서 강사와 1:1로 교육을 하다 보면 일과 시작 전에 벌써 피로가 누적

되기 일쑤였다. 지금은 시스템도 갖추어져 있고 매뉴얼도 만들어져 있어서 강사교육을 하기가 훨씬 편해졌다. 하지만 그때는 매뉴얼을 만들어야겠다는 생각조차 하지 못했다.

3년 전 3P의 독서리더과정을 하면서 시스템과 매뉴얼을 만들어야겠다고 생각하고 초안을 잡기 시작했다. 물론 지금도 완성된 것은 아니다. 그때 처음 작업을 시작했고, 시행착오가 있기 마련이어서 더 좋은 아이디어가 떠오르면 조금씩 고쳐나가기를 반복하고 있다.

시스템과 매뉴얼을 만드는 것이 쉬운 일은 아니다. 만들고 싶어도 어디서부터 어떻게 만들어야 할지 엄두가 안 난다. 나도 어찌 할 바를 몰라서 처음에는 청소 매뉴얼부터 만들었다. 우리 학원은 출근하면 무조건 전체 창문을 열고 환기를 30분 정도 시킨다. 그러고 나서 책상들을 걸레질하고 진공청소기로 먼지를 빨아들인다. 비가 오거나 날이 좋지 않은 날은 향초를 사용해서 늘 쾌적한 분위기가 조성되도록 한다. 이런 모든 자세한 내용을 매뉴얼에 담아두었다.

어느 날 일을 보고 강사들보다 늦게 출근한 적이 있었다. 강사 둘이 거의 신규로 교체된 시점이었는데, 비가 내리던 날이었다. 학원으로 들어섰더니 밖에는 우산꽂이가 준비되어 있고, 향초까지 켜져 있어서 향이 밖에까지 은은하게 퍼졌다. 우리 학원은 4층인데, 향초를 켜는 날은 1층에서부터 향이 난다고 방문하시는 분들이 많이 얘기한다. '아!~ 매뉴얼의 힘은 정말 대단하구나.' 절감할 수 있었다. 비가 오면 우산꽂이

📖 Cleaning Manual

1. 창문을 모두 열고 환기를 시킵니다.

2. 쓰레기통을 비웁니다.
(복사기 옆, 원장실, 탕실)

3. 각 교실의 책상을 걸레질 합니다.
-복사기와 정수기 주변, 창틀도 한 번씩 닦아주세요.

4. 진공청소기로 바닥을 청소합니다.

출근하시면,

1. 먼저 환기를 시킵니다. - 최소 30분.

2. 환기 후 여름, 겨울은 에어컨과 히터를 가동시킵니다.
(적합한 온도가 될 때까지는 온도와 풍량을 최고로 해주세요)

3. 날씨가 흐린 날은 향초를 사용합니다.

4. 입구 자동문 스위치를 작동시켜주시고, 자동문 버튼을 1회 눌러주세요.
-처음 작동 시 속도가 느리므로, 다른 사람을 배려하는 차원입니다.

5. 복사기를 켜주세요.

6. 컴퓨터를 켜주세요. (스위치 2개를 모두 켜주셔야 공유기까지 작동됩니다)

7. 비가 오는 날은 우산꽂이 준비해 주세요.

퇴근하실 때,

1. 창문을 모두 닫습니다.

2. 전기 기구가 모두 꺼져있는지 확인합니다. Ex) 에어컨, 복사기, 컴퓨터

3. 현관문은 닫으시면 자동 잠금 됩니다.

청소 매뉴얼

📖 Teaching Manual

✏ Intro A

• Workbook: 수업 중에는 쓰지 않고 oral practice만 실시합니다.

-words / word box
전체적으로 단어를 함께 읽고 뜻을 말해보게 합니다.
잘 못하는 학생을 다시 읽혀보셔도 좋고, 돌아가면서 한 단어씩 읽혀보시는 것도 좋아요.

-Sentences
words와 동일한 방법으로 하시되, 선생님이 한글로 아이들이 영어로, 또는 그 반대로 시켜서 완전히 아이들이 발음을 숙지하고 문장을 암기하게 만드시는 것도 좋은 방법입니다.

-Dialogue
아이들이 sentences에서 충분한 연습이 이루어졌다면 빈칸을 쉽게 채울 수 있기 때문에 전체적으로 한 번 빈칸을 채워 읽혀보고 넘어가시면 됩니다.

- word puzzle
단어를 읽어보면서 missing letter가 먼저 맞춰보게 합니다.
뜻을 말해보게 하는 것도 좋을 듯 하세요.

- Sentence Drill
핵심이 되는 문장을 가지고 여러 가지 단어를 사용하여 문장을 익히는 part입니다.
이것도 역시 각 단어의 발음을 먼저 익힌 후 전체적으로 문장을 만들어 읽게 하던지, 아님 선생님께서 한글로 불러주시고 아이들이 함께 대답하던지, 한명씩 돌아가면서 만들어 보게 해서도 됩니다.

-Practice more
Sentence Drill의 연장이라고 보시면 됩니다.
문제를 풀면서 아이가 완전히 쓰임을 이해하도록 도와주시면 됩니다.
간단한 예문을 몇 개 더 준비하셔서 풀어보게 하시는 방법도 좋아요.

티칭 매뉴얼

를 밖에 준비하고, 향초를 켜라고 내가 일일이 말하지 않아도 매뉴얼대로 강사들이 세팅을 해두니 너무 기분이 좋았다.

수업시간에 해야 할 일도 모두 매뉴얼화 시켜두었다. 신규 강사교육 때는 그 매뉴얼을 나눠주고 보면서 교육을 시킨다. 전에 매뉴얼이 없을 때보다 훨씬 더 빨리 알아차리고 이해한다. 교육하는 나의 수고가 덜어졌음은 물론이다. 강사 개개인의 할 일이 정해져 있기 때문에 내가 학원을 비우는 날에도 학원은 문제없이 잘 운영된다. 각자 매뉴얼에서 지시한 대로 할 일을 하고, 내가 비울 때는 내 일을 따로 지시해두고 가기 때문에 며칠 동안 자리를 비워도 무리가 없다. 실제로 3P 교육을 받으러 다닌 지난 2년간 일주일에 한 번, 많으면 두세 번도 자리를 비웠는데 큰 문제는 없었다.

학원을 경영할 때는 내가 학원장으로 경영만 할 경영자가 될 것인지, 아니면 강사의 몫까지 담당하는 학원장이 될 것인지 방향성을 확실히 잡을 필요가 있다. 나는 방향성이 없이 학원을 오픈했고, 지난 7년 동안은 원장이 아닌 강사로서의 삶을 열심히 살았다. 그러다 보니 몸이 많이 망가졌다. 제대로 챙겨먹지도 못하고 하루 종일 일에만 매달린 결과였다. 지금은 운동도 하고, 1년 정도 건강보조식품을 잘 챙겨먹고 체력도 회복을 했지만, 대부분의 학원장들에게는 나와 같은 일이 비일비재할거라 생각한다.

지금은 개인적인 일이 있으면 미리 교사회의 시간에 출근하지 못할 날짜를 공지한다. 그러면 강사들이 준비를 하고 학원 시스템에 문제가 없도록 계획을 짠다. 다른 학원장들이 우스갯소리로 "가끔 학원장이 자리를 비워줘야 강사들이 숨을 쉬지. 아마 정말 좋아할 거야"라고 한다. 강사들에게 이런 얘기를 하자 "물론 좋은 것도 있는데요. 저는 원장님이 계시는 게 마음도 든든하고 좋아요." 하는 교사도 있지만 대부분은 "너무 자주 비우지는 마세요." 하고 말한다.

그러면 나는 "아니야, 내가 자리를 비우는 것은 이제 선생님들이 그만큼 안정화가 되었다는 거야. 내가 없으면 선생님들 일처리 하는 능력도 더 좋아지는 거야. 돌발상황 대처능력도 생기고." 하고 말해준다.

말 그대로다. 아무리 시스템과 매뉴얼이 잘 갖춰졌어도 강사들이 제대로 자리매김을 못 해준다면 절대로 원장이 학원을 비울 수가 없다. 원장이 자리를 비운다는 것은 그만큼 강사들이 성장했고 믿을 수 있다는 얘기다. 실제로 처음 내가 자리를 비웠을 때는 당황해 하던 강사들이, 횟수가 거듭될수록 차분하게 일을 잘 처리하는 것을 보았다. 예전에는 몸이 정말 좋지 않아도 쉴 수가 없어 출근을 해서 겨우 자리만 지키다가 퇴근하는 경우가 많았다. 그런데 이제는 몸이 정말 좋지 않을 때는 강사들에게 미리 전화를 하고 쉬기도 한다. 시스템과 매뉴얼이 나 자신을 지켜주는 좋은 도구가 되고 있는 것이다.

학원은 롱런해야 할 사업이다. 학원 개원 초기에 대부분의 학원장들은 열정만으로 지치지 않고 일한다. 제대로 쉬지도 못한다. 꼭 성공

📖 Talkingclub Teachers' Mission

토킹클럽은 단순한 영어인재의 양성을 목표로 하는 것이 아닌, 아이들의 바람직한 학습습관 형성과 바른 인성을 키워주는 장이므로 교사 또한 이 미션에 어울리는 자로 서야할 것입니다.

1. 아이들에게 늘 미소로 대해주세요.
 - 아이들에게 엄할 때는 엄하게, 그 외에는 사랑을 가득 담아 대해 주세요.

2. 시간약속을 잘 지켜주세요.
 - 시간을 잘 관리하는 사람이 성공합니다. 출근시간 10분 전에는 도착하셔서 하루를 여유있게 시작해주세요.

3. 수업은 철저하게 준비해 주세요.
 - 아이들은 선생님을 보면서 꿈을 꿉니다. 아이들에게 부끄럽지 않은 선생님이 되셔야겠죠? 수업 전 cd 듣기나 activity 자료 등을 잘 준비해 주세요.

4. 오늘 할 일을 내일로 미루지 마세요.
 - 오늘 할 분량을 미루면 내일은 그 만큼 일이 더 많아집니다.
  반드시 to do list를 작성하셔서 계획대로 실천해 주세요.

5. 다른 동료를 배려해 주세요.
 - 한 공간에서 함께 일하는 동료를 조금만 배려해 준다면 더 즐거운 일터가 되지 않을까요? Team work 아주 중요합니다.

6. 학원 청결에 힘써주세요.
 - 주변을 깨끗이 정리하는 것에서부터 플러스 에너지가 형성된다고 합니다.
  선생님의 강의실은 물론 학원에 있는 쓰레기 등은 미루지 마시고 처리해 주세요.

7. 한 달에 한번은 부모님께 해피콜 해주세요.
 - 아이를 학원에 맡겨두고 부모님들은 얼마나 궁금하시겠어요?
  한 달 동안 아이가 수업시간에 보였던 태도, 성과 등을 솔직하게 얘기해 주세요.
  단, 아이의 단점은 기분 나쁘지 않게 요령껏 전달해 주시구요.

📖 Talking club teaching process

	Intro A~D	Jump up, Fly high
1st day	\<Lab\> 듣고 교재 빈칸 채우기 \<Class\> workbook 수업 *H.W - workbook 풀기 　　　 동영상 듣기	\<Lab\> 전체 듣고 교재 빈칸 채우기 \<Class\> Dialogue, Grammar위주 *H.W - workbook 2 pages
2nd day	\<Lab\> dialogue, 단어 암기 \<Class\> Student book 　　　 Mini test *H.W - 온라인숙제 하기 　　　 D.O.L 풀기	\<Lab\> Dialogue 암기 \<Class\> Reading, 그 외 문제 완성 *H.W - workbook 2 pages 　　　 동영상 듣기 동영상 듣기
3rd day		Mini test

(주의사항)

* 각 반 공히 그날의 work를 마무리 못한 학생은 반드시 남아서 모두
수행한 후 귀가합니다.

* 모든 dialogue는 반드시 유창하게 암기하는 것을 목표로 합니다.

* 부족한 공부 보충을 위해서 또는 재시험을 필요로 하는 학생은
수업 후 랩실로 갑니다.

하고 싶기에 정신력으로 버티는 것이다. 하지만 그렇게 하다가는 몸이 금방 상하기 십상이다. 지금 누군가 학원을 개원한다고 하면 꼭 몸을 잘 챙기라고 말해준다. 학원장은 몸이 재산이다. 학원장이 쓰러지면 그 학원은 버틸 수가 없다. 열심히 일할 때는 일하고, 쉴 때는 제대로 쉬어서 반드시 재충전을 확실하게 해줘야 한다.

사업을 하는 이유는 자기결정권을 가지기 위해서이다. 시간과 돈에 대한 자기결정권. 제대로 된 사업을 하고 있는 사람이라면 이 두 가지에 대해서는 자유로워야 한다. 쉼도 없이 일주일 내내 일하고 있는 학원장이 있다면 이렇게 말해주고 싶다.

"반드시 학원장이 없는 날을 만들어라. 그러기 위해서는 확실한 시스템과 매뉴얼을 갖추어라!"

매달 교육비 100%
수납하는 법

학원을 운영하는 학원장들이 하나같이 말하는 애로점 중 하나가 교육비 수납이다. 한 학생이 적게는 몇십만 원, 많게는 몇백만 원까지 교육비를 연체하는 것은 쉽게 볼 수 있다. 나는 10년이 되었지만 지금까지 한 번도 교육비를 받지 못한 적은 없다.

개원 초기에 막대한 빚으로 시작을 한데다가, 예비비도 없었기에 교육비를 받지 않고서는 도저히 운영할 방법이 없었다. 줄 것은 빨리 주고, 받을 것도 빨리 받는 나의 성격 덕분이기도 하다. 모든 것은 첫 단추가 중요하다. 수업시간에 분위기로 아이들을 제압하는 것도, 첫인상도, 교육비 수납도 역시 처음이 중요하다.

상담을 마치고 입회원서를 쓰면 어머니들이 이런 질문을 하신다.

"제가 아이를 위해 집에서 신경 쓰거나 도울 수 있는 게 뭐가 있을까요?"

여러 가지 학원의 시스템이나 주의 사항을 말씀드리는데 그 중에 교육비 항목이 있다.

"어머니께서는 아이의 공부하는 것에 대해서 전혀 신경 쓰지 않으셔도 됩니다. 숙제를 하지 않고 오려고 하면 그냥 보내주세요. 저희가 그날 수업이 끝나고 숙제를 다 해서 보낼 겁니다. 어머니께서는 딱 한 가지만 신경 써주시면 됩니다."

"그게 뭔데요?"

"네~ 교육비요. 교육비를 제 날짜에 꼭 주시는 것만 신경 써주세요. 사실 돈이라는 것이 서로 말하기 굉장히 껄끄러운 부분이잖아요. 저희가 가르치는 것에 전념을 하고 싶은데, 돈이라는 문제가 걸리면 저희가 올인을 하기가 힘들어지거든요. 그러니 저희가 최선을 다해 가르치는 것에만 신경을 쓰도록 어머니께서 저희를 좀 도와주세요."

그렇게 그 자리에서 어머니와 상의를 하여 매달 교육비 납입 날짜와 납입 방법을 입회원서 메모란에 기록해둔다. 회원들이 중간에 가입하는 경우 가능하면 날짜 계산을 해서 지난 날수만큼을 차감하고 결제를 해서 월말로 맞춰드린다. 매달 중간에 결제일을 기억하는 것이 쉽지 않고, 말일에 결제를 하시는 경우가 많아서 어머니가 싫다고만 하지 않으면 결제일을 월말에 맞춘다.

이렇게 하는 것이 학원수입을 가늠하는데도 많은 도움이 된다. 교육비가 산발적으로 입금되다 보면 지출 통제나 강사들 급여일에 낭패를 보게 될 수도 있다. 그래서 상담 때에 이렇게 교육비에 대해 말씀드리고 언제까지 입금 가능하신지 여부를 묻는다. 대부분은 카드로 그 자리에서 결제를 하고 가신다. 간혹 계좌로 입금을 하시겠다고 하시는 분이 계신데 그때는 누구의 이름으로 입금을 하실 건지 현금영수증을 원하시는지 묻고 역시 메모를 한다.

지금은 거의 그런 분이 안 계시지만, 어떤 학원은 카드로 결제하는 것을 싫어하고 현금영수증도 잘 안 해주려고 하더라며 어머니들이 말씀하시는 경우가 있었다.

물론 카드로 결제를 하면 카드 수수료가 빠지기 때문에 계좌입금이 좋지만 절대로 불편한 내색을 하지 않는다. 도리어 어머니들이 교육비 할인 혜택을 받으실 수 있는 카드를 안내해드린다. 현금영수증 부분도 늘 먼저 여쭤봐드린다. 다른 학원에 다니다 오시는 분들은 미안하게 생각하시는 분도 있으신데, 그럴 때는 "어머니 절대 그렇게 생각하지 마세요. 이건 저희가 당연히 해드려야 하는 거죠." 하고 현금영수증 번호를 컴퓨터에 저장해두었다가 입금 확인이 되면 현금영수증 발급을 해서 문자나 카톡으로 발송을 해드린다.

입금 유형을 보면 어머니들의 성향도 어느 정도는 추측을 할 수 있다. 어떤 어머니는 상담을 마치고 돌아가면서 바로 입금을 하시기도 한다. 대부분은 아이가 학습을 시작하는 날 전에 입금을 해주신다. 가끔은 학습이 시작된 지 며칠이 지났는데도 입금을 하지 않으시는 분들도 있다. 이럴 때는 기분 나쁘지 않게 문자를 드린다.

"어머니 안녕하세요! 토킹클럽입니다. 다름이 아니라 교육비가 아직 입금 확인이 안 되네요. 바쁘시더라도 확인 한번 부탁드립니다."

우리말은 '아' 다르고 '어' 다르다고 했다. 돈에 대해서 민감하게 반응하며 기분 좋지 않게 생각하는 분도 있기에 최대한 조심스레 쓴다. 그러고 나서 다시 읽어보며 문자의 뉘앙스를 체크한다. 오전에는 절대로 이런 문자를 드리지 않고 점심시간이 지난 오후에 드린다. 그러면 대부분은 "어머~ 제가 깜빡했네요. 죄송합니다." 하고 답을 주시고 입금을 하신다.

"뭐~ 죄송하다고까지 하세요. 바쁘다 보면 충분히 그러실 수 있죠. 감사합니다. 어머니!"라고 다시 답글을 드린다.

첫 달부터 이렇게 하다보면 대부분의 어머니들은 알아서 제 날짜에 입금을 해주신다. 우리 학원은 20일이 넘어가면 다음 달 재수강을 위한 문자를 드린다. 어떨 때는 재수강 문자를 깜빡하고 안 보낼 때가 있다. 그런데 문자가 와서 보면 학부모가 입금을 했다는 문자일 때가 있다. 말을 하지 않아도 알아서 먼저 입금을 해주시는 어머니들을 보면 웃음이 난다.

20일이 지나서 말일까지 거의 80%이상의 어머니들이 등록을 마치신다. 말일이 되기 2~3일 전에 문자를 드려서 재등록을 권하고, 월초 2~3일경 다시 입금이 되지 않은 부모님께 입금 안내 문자를 드린다. 입금 확인해주시라는 문자를 보내면 대부분의 어머니들이 "네. 죄송해요"라든지 "알겠어요. XX까지 방문할 게요"라고 답글을 보내주신다. 늘 늦는 어머니들은 늦으시지만, 10일 안에는 100% 수납이 이뤄진다. 외국여행이나 어쩔 수 없는 사정이 있으신 부모님들은 미리 연락을 주시면 당연히 약속하신 날짜까지 기다려드린다. 매달 말일이면 여전히 이런 전화가 몇 통 걸려온다.

"오늘까지 결제하러 가려고 했는데 사정이 생겨서 내일까지 가도 될까요?"

"당연하죠. 어머니 편하실 때 오세요. 어머니의 신용은 VVIP이시니까요."

교육비가 연체된 원장님들의 사연을 들어보면, 절대로 입금일이 지나도 문자를 드리거나 재촉하지 않는다고 한다. 그러다 보면 금세 한 달이 지나고 두세 달이 연체된다. 한 달에 몇십 만 원씩 하는 학원비가 두세 달 밀리다 보면 점점 불어나 일시납을 하는 것이 부담스러워진다. 얼마 안 가서 몇백 만 원이 된다. 혹시나 형제의 경우는 특히 더 빠르게 연체금액이 쌓이게 된다. 그러니 첫 달부터 첫 단추를 제대로 끼우는 것이 중요하다.

이런 일로 나에게 물어오는 학원장이 있다면 최대한 받을 수 있는 대로 받고, 빨리 정리를 하라고 한다. 이미 기백만 원이 연체된 학부모는 그것을 지불할 의사가 없는 것이다. 시간이 지날수록 연체금액은 더 가중될 텐데, 그 학원은 무상으로 그 아이에게 교육 서비스를 제공하고 있는 것이다. 아이에게 무상으로 서비스를 제공할 마음이 아니라면 빨리 정리를 하는 것이 좋다.

학원은 교육사업이다. 학원장은 빚을 독촉하는 빚쟁이가 아니다. 아이들에게 올바른 교육을 제공하고 교육비를 받는 것인데, 이상하게도 학원장들이 부모들에게 연체된 학원비를 말하면서 미안하다는 뉘앙스를 풍긴다.

내가 정직하게 아이들을 최선을 다해 가르쳤다면 뭐가 미안하다는 것일까? 미안하다고 느낀다면 내가 아이들에게 최선을 다해 교육을 하지 않았다는 게 아닐까?

나는 떳떳하게 최선을 다해서 아이들을 지도하기에 교육비 이야기를 하면서 한 번도 학부모 눈치를 보면서 망설인 적이 없다. 10년 전 화순에서 학원을 개원했을 때에도 다른 학원은 10~12만원의 교육비를 받았지만 우리 학원은 18만원을 받으면서도 늘 떳떳했다. 우리 학원은 최고의 교육을 제공한다고 말했기 때문이다.

학원비가 다른 학원에 비해서 왜 이리 비싸냐는 학부모들에게는 이같이 말했다.

"어머니, 저희 학원에 보내신 걸 절대 후회하지 않으실 거고, 돈 아깝다는 얘기도 더 이상 하지 않으실 거예요. 한번 믿고 맡겨보세요."

학원을 선택하는 일은 쉬운 일이 아니다. 학부모들은 여러 학원을 둘러보며 시간을 투자하고, 그 학원과 아이가 맞는지, 학원장의 교육 철학은 어떠한지를 여러 번 저울질한다. 나도 아이가 있지만 다른 과목의 학원을 보내기 위해서 학원을 둘러보는 것 자체가 참 번거로운 일이었다. 누가 차라리 좋은 학원에 대한 검증을 마치고 추천만 해주고 등록만 한다면 좋겠다는 생각을 했다.

학부모에게 믿을 수 있는 학원이라는 신뢰를 주는 일은 가장 기본이 되어야 할 항목이다. 까다롭게 저울질이 끝나고 선택의 순간이 오면, 학부모들은 원장을 믿고 아이들을 맡기고, 강사들은 열심히 가르쳐서 아이에게 최상의 교육 서비스를 제공하면 된다. 그리고 매달 우리는 그 정당한 대가를 학부모에게 요구하면 되는 것이다. 그러니 망설이거나 미안해 할 필요가 전혀 없다. 더 이상 무슨 복잡한 설명이 필요하겠는가. 이걸로 충분하지 않은가.

지금 적지 않은 교육비가 연체된 회원이 있다면, 더 이상 망설이지 말고 정리할 것을 권한다. 지금 그만두게 하면 교육비를 받지 못할 것 같아서 정리도 못하겠다는 학원장도 봤는데, 정리하지 않고 한 달 두 달 시간이 지나면 연체된 교육비가 더 많이 누적된다. 그렇다고 그것을 받을 수 있을까? 줄 생각이 있는 학부모라면 처음부터 교육비를 연체시키지 않는다. 그렇게 많은 금액을 연체시키는 학부모라면 애초에 주고 싶은 마음이 없다고 보는 것이 편할지 모른다.

　한 달 정도는 사정이 있어서 연체가 될 수도 있다. 하지만 두 달 이상 연체가 되면 반드시 해결책을 모색하기를 바란다. 쌓이는 것은 금방이지만 연체된 교육비를 일시에 수납하는 것은 '하늘의 별따기'가 될 수 있다는 사실을 꼭 기억하길 바란다.

누구나 오는 학원은 NO!
학원의 질을 높여라

학원 오픈을 앞두고 나름대로 콘셉트를 생각했다.

"내가 만들고 싶은 학원은 어떤 학원인가?"

"그러기 위해서 내가 할 수 있는 일은 무엇인가?"

내가 내린 결론은 이렇다.

첫째, 최고의 교육환경을 제공한다. 그래서 화순에서 가장 시설과 인테리어가 앞서가는 학원을 만든다. 둘째, 무조건 화순에서 가장 영어를 잘하는 아이들로 성장시킨다. 그래서 도시의 아이들과 비교했을 때 손색없는 실력을 갖춘 아이들이 되도록 훈련시킨다. 셋째, 모르는 것은 괜찮지만, 노력하지 않는 아이들은 견딜 수 없도록 하는 학원의 이미지를 만든다. 넷째, 학부모·학생·학원의 3박자가 잘 어우러져 서로 신뢰하는 학원의 분위기를 조성한다.

　이를 위해 교육비부터 고심을 했다. 먼저 개원 시점의 영어학원의 평균 학원비를 조사하고, 학원비를 책정하되 낮게 책정하지는 않았다. 일단 우리는 한 클래스 당 최대 8명의 학생만 교육하기 때문이었고, 최고의 교육 서비스를 위해서는 어느 정도의 비용지출이 예상되기에 낮게 책정할 수만은 없었다. 혹자들은 다다익선을 고집하기도 하지만, 아이들만 많고 제대로 된 서비스를 제공하지 못한다면 그건 서로에게 낭비라고 생각했다. 그래서 당시 화순 영어학원들의 교육비보다 훨씬 높게 책정을 했다. 물론 초회 책정된 교육비로 7년 동안 한 번도 인상은 하지 않았다.

　개원 초기부터 학원비가 다른 학원의 2배로 책정이 되어 있다보니, 보내고 싶어도 부담이 된다며 보내지 못하시는 분들도 계셨다. 도움을 드리지 못해 안타깝긴 했지만 학원의 방향성 때문에 머뭇거리지는 않았다. 대신 그 당시에 화순에서는 보기 힘들었던 출결카드, 원어민 등 최상의 서비스를 제공해드렸다.

　출결카드는 목에 걸고 다니며, 등원했을 때 카드 리더기에 카드를 갖다 대면 자동으로 출결여부를 부모님께 문자로 보내드리는 서비스였는데, 아이들도 목에 카드를 걸고 다니는 걸 자랑스러워했던 기억이 있다. 지금은 분실도 잦고 해서 키패드로 출결여부를 전송할 수 있게 시스템을 갖추고 있다. 초기에는 새로운 분위기가 좋아서 아이를 보내는 부모님도 계셨는데, 학원에서 워낙 공부를 시키는 양이 많아서 하는 도중 견디지 못하는 아이는 탈락을 하기도 했다.

하지만 영어 만큼은 최고의 아이들을 키우고 싶은 목표가 있었기에 흔들리지 않고 진행을 했다. 그래서 '이보영 토킹클럽은 공부 못하는 아이들은 받아주지 않는다더라. 파닉스반은 받지도 않고 어느 정도 수준이 되는 아이들만 받는다더라. 숙제가 너무 많아서 힘들고, 부모들이 항상 숙제를 도와줘야한다더라'는 등의 루머가 지금도 떠돈다.

막상 상담을 하다보면 이런 것들이 다 사실이 아니라는 것을 부모님들이 알아차리고 웃기도 하신다. 하지만 그 정도로 다른 학원에 비해 공부시키는 양이 많은 것은 사실이다. 상담 중 어떤 부모님들은 "숙제를 안 주면 안 되는가요?" 하고 여쭙기도 하신다. 그러면 외국어로 영어를 학습하는 우리에게는 원어민들에 비해 영어에 노출될 시간이 턱없이 부족하기에 숙제는 영어실력을 탄탄하게 만드는 반드시 필요한 시스템이라고 설명해드린다. 대부분의 어머니들은 이에 대해 공감을 하신다.

교육은 반드시 교육하는 사람의 소신이 있어야 한다고 생각한다. 그리고 그 소신은 학부모나 아이 어느 누구에 의해서도 흔들리지 않아야 한다고 생각한다. 물론 약간의 융통성을 발휘하는 것은 필요하나, 아이들이나 학부모들의 비위를 맞추기 위한 교육이 되어서는 안 된다. 아이의 능력에 맞지 않는 반으로 올려달라거나, 학원의 시스템을 벗어

나는 요구는 절대로 받아들이지 않는 것을 원칙으로 한다.

모르는 것은 절대로 흠이 되지 않는다. 모르는 것을 묻는 것은 몇 번이고 친절하게 설명을 한다. 오히려 모르는 것을 안다고 하는 것은 야단을 친다. 그 순간에 이해를 하지 못했는데 아는 체를 하고 흘려보내는 것은 옳은 상황이 아니라고 늘 아이들에게 반복해서 이야기를 한다.

아이들을 체벌하는 기준도 명확하게 정해두었다. 두 가지 면은 반드시 혼을 낸다. 첫 번째는 약속을 어기는 것이다. 이유 없는 지각, 숙제를 해오지 않는 것들도 이에 속한다. 한두 번은 말로 경고를 주지만 세 번째부터는 아이와 약속한 벌칙을 꼭 시행한다. 두 번째는 거짓말을 하거나 정직하지 않은 행위를 하는 것이다. 예를 들어, 우리 학원에서는 단어 시험을 보는데 일정 개수를 초과해서 틀리면 수업 후에 다시 시험을 보게 한다. 그래서 어떤 아이들은 컨닝페이퍼를 만들어 컨닝을 한다. 이런 아이들에게는 이건 너와 선생님께 정직하지 못한 행동을 한 거라고 알려주고 역시 같은 행동을 반복했을 경우는 벌칙을 지키도록 한다.

"단어를 외우지 못했으면 차라리 정직하게 이야기를 하고 벌칙을 받아라. 너와 선생님을 속이는 이런 행동을 하지 마라." 하고 말해준다.

이런 이유로 2~3년이 지나자 '이보영 토킹클럽은 아무나 갈 수 없는 학원'이라는 소문이 화순에서 돌기 시작했다. 사실과 다른 루머가 돌기도 하지만 공부를 열심히 하지 않는 아이들은 그 학원에서 버티지 못한다는 것, 아이들이 영어는 정말 잘한다는 것은 이미 화순에서 알려진 우리 학원의 이미지다. 실제로 각 학교를 대표하여 화순 관내 '영어 말하기 대회'를 나가는 아이들의 80%가 우리 원생들이고 좋은 퍼포먼스를 펼쳐서 상을 받아온다.

우리 학원을 올해 졸업하고 고등학교 1학년이 된 이원지라는 학생이 있다. 2년 전 화순 교육지원청에서 화순 관내 중학생 중 2명을 선발하여 4주 동안 미국 어학연수를 무료로 보낸 적이 있었다. 그때 원지가 선발되어서 원지 어머니께서 정말 감사하다며, 학원으로 찾아와서 선물을 전달해주신 적이 있다. 나머지 한 아이도 초등학교 때 우리 학원에 다녔던 아이인데 그 아이 어머니 역시 감사인사를 주셨다. 학교시험에서는 항상 많은 아이들이 우수한 점수를 받아오기에 더 이상 언급을 하지 않아도 될 듯하다.

우리 학원은 중3이 되면 졸업을 한다. 올해 3월에는 중학교 2학년에 진입하는 아이들이 5명이나 등록을 했다. 초등학생은 학원을 결정하는 결정권자가 부모이지만, 중학생은 아이들이 의사결정권을 쥐고 있는 경우가 많다. 어머니가 아무리 맘에 드는 학원이 있어도 아이가 다니기 싫어하면 중학생은 오래 유지하기가 힘든 것이 사실이다.

신규 학생들에게 어떻게 우리 학원에 올 생각을 했냐고 물었더니, 우리 학원에 다니는 친구가 학교에서 보면 영어도 잘하고, 공부하는 교재의 수준도 높아서 결정을 했다고 했다. 그러면 우리 학원은 다른 학원과는 다르니, 공부할 각오가 되어 있지 않으면 버티기가 힘들 거라고 말해준다.

사실 웬만하면 중학생은 중간 진입을 환영하지 않는다. 초등학생 때부터 우리 학원에서 성장한 아이들과 실력차가 많이 나고 초등 6년에 비해 교육으로 도움을 줄 수 있는 기간이 짧기 때문이다. 하지만 배우겠다고, 영어를 잘해보고 싶다고 찾아온 아이들을 거부할 수는 없고 이 아이들은 기존의 반에 바로 합류하지 못하고 6개월 정도 개인적으로 코칭을 진행한 후 기존반에 합류시킨다.

학원사업도 결국 수익을 창출하기 위해서이기도 하지만, 때로는 여러 번의 권고에도 불구하고 학원 분위기나 흐름에 협조하지 못하는 학생은 학부모와의 상담 후 퇴원을 권유하는 경우도 있다. 혹자는 학부모들의 비위를 다 맞춰야 한다고 하는데 나는 사실 동의하기가 힘들다.

다른 학원에 다니다 온 학생들이 수년간 영어공부를 해왔음에도 불구하고, 영어를 이제 시작한 정도의 테스트 결과가 나오면 정말 화가 난다. 돈은 낭비했다고 치지만, 이 아이들의 시간을 갉아먹은 학원장이 정말 미워진다. 이렇게 표현을 해서 미안하지만 사실이다. 늘 교사회의 때 이야기한다.

"절대로 아이들의 시간을 갉아먹는 교사가 되지 말자. 그런 학원이 되지 말자. 그건 아이들에게 너무 미안한 일이다."

'사공이 많으면 배가 산으로 간다'는 말이 있다. 학원장이 올곧은 소신을 갖고 있지 않으면, 외부 환경에 의해 흔들려 그 학원은 반드시 어려움을 당하게 된다는 뜻이 아닌가 싶다. 그러니 흔들리지 않는 소신과 상황에 적절한 융통성을 발휘하는 기지가 필요하다고 본다.

내가 사업가라면 모든 학부모들의 요구를 들어주고, 아이들의 탈락을 막아야겠지만 나는 사업가의 마인드보다 교육자의 마인드가 더 강하다. 나는 수익보다는 나의 양심과 소신이 중요한 어쩔 수 없는 바보 학원장인가 보다.

적절한 양의 인풋과
정기적인 평가를 하라

학부모들이 학원 선택을 할 때 어떤 기준을 최우선으로 두고 결정을 할까?

브랜드가 주는 신뢰감, 학원에 대한 평판, 원장의 능력도 물론 좌우를 할 것이다. 우리 학원도 개원 이래 정기적인 홍보 없이 입소문만으로 지금까지 유지되어 왔다. 이 방법이 물론 최고라는 것은 아니다. 마케팅 측면에서 보면 정기적인 홍보를 하는 것이 정석이다. 하지만 입소문만큼 좋은 것은 없는 것 같다.

학부모들이 신규 상담을 위해 학원을 내방하게 되는데, 어떤 학원이든 신규 상담을 할 때는 아이의 영어능력을 체크하기 위한 간단한 테스트를 거치게 된다. 우리 학원은 수준에 맞는 아이들이 그룹을 지어 수업을 하고 있기 때문에 그에 맞는 반을 지정해주기 위해 듣기를 포함한 간단한 평가를 한다. 영어를 분명 처음 한 건 아니었는데 평가 결과 처음 과정부터 진행해야 하는 결과가 나오는 아이들이 제법 있다. 그럴 때면 학부모는 무척 놀라고 실망을 하게 된다.

"어머니 생각보다 평가결과가 좋지 않아서 많이 실망하셨어요? 하지만 너무 속상해 하지는 마세요. 학원마다 시스템과 커리큘럼이 달라서 그럴 수도 있어요."

"아이구! 이제까지 돈 낭비, 시간 낭비를 한 것 같아서 너무 속상하네요."

"아니에요. 테스트하느라 긴장해서 실력 발휘가 잘 안 되었을 수도 있고요, 말씀드렸다시피 학원마다 커리큘럼이 달라서 그러는 거예요. 이제까지 공부했던 그 기간이 절대로 헛되지 않아요. 아이들이 공부하다 보면 어느 순간 반드시 그간 아이가 닦았던 실력이 나타나는 날이 오니까 너무 속상하게 생각하지 마세요."

아주 틀린 말은 아니다. 사실 어머니들이 너무 속상해 해서 위로를 해드리고 싶은 마음에 이렇게 말씀을 드리지만 오랫동안 공부를 했는데 결과가 저렇게 나올까! 놀랄 때도 있다. 그렇다면 아이들이 멋진 아웃풋을 내기 위해서는 어떤 항목이 충족되어야 할까? 아이들을 지켜보면서 학원의 운영방식과 나를 다시 한 번 되짚어보곤 한다. 여러 원인이 있겠지만, 매일 공부로 채워지는 인풋의 양과 정기적인 평가에 문제가 있을 거라고 생각한다. 지금 학원을 운영하고 있고, 앞으로 운영할 계획이 있다면 꼭 한 번은 짚고 넘어가야 할 항목이다.

초기 상담을 오신 부모님들은 우리 학원이 다른 학원에 비해 학습량이 많다는 말을 많이 한다. 어떨 때는 부모님은 우리 학원을 보내고 싶어 하지만, 아이들이 친구들을 통해 "토킹클럽은 너무 힘들고, 숙제도 너무 많다"는 소문을 듣고 겁이 나서 오기 싫어하는 경우도 있다. 막상 상담을 와서 정확히 그날그날 해야 할 숙제를 보여주면 "의외로 많지 않네요." 하는 반응이다.

"네. 사실 숙제가 소문만큼 그렇게 많지는 않아요. 다른 학원이 숙제가 아예 없거나 너무 적어서 아마도 그렇게 소문이 난 것 같아요."

학부모들은 노력보다는 결과에 관심이 많다. 많은 노력없이 유창하게 영어를 구사하는 아이들을 기대하는 것이다. 그럴 때 늘 들려주는 비유가 있다.

"여기 유리컵과 물이 있습니다. 이 유리컵에 물이 흘러넘치게 하려면 어떻게 해야 할까요?"

컵에 물을 붓는 동작을 인풋, 넘치는 동작을 아웃풋이라고 생각한다면 쉽게 이해할 수 있을 것이다. 부어주는 행동이 없이 어떻게 넘칠 것을 기대할 수 있겠는가. 흘러넘치려면 어찌하든 많은 양의 학습량을 부어줘야 하는 것이다.

영어학습도 이와 같다. 듣기, 읽기, 암기, 학원수업이나 숙제 등을 통해 꾸준히 인풋을 해줘야 아웃풋인 말하기와 쓰기가 되는데 보통 엄마들은 소량의 인풋을 주면서 최고의 아웃풋을 기대하니 이게 말이 되는가? 이것은 말이 안 되는 일이다. 아웃풋을 하기 위해서는 반드시 매일매일 조금씩이라도 꾸준히 인풋을 해줘야 한다.

프랜차이즈 영어학원은 대부분 레슨 플랜이 공식화되어 있다. 교재도 한 달에 한 권씩 끝나고, 평가도 정기적으로 이루어지는 것이 대부분이다. 하지만 개인이 운영하는 학원은 교재 한 권을 2~3개월 동안 사용하는 경우를 많이 봐왔다. 그들의 이야기를 들어보면 공부는 복습이 중요하니까 정확하게 내용을 숙지하기 위해 교재를 반복해서 사용한다고 한다. 일리가 있는 것처럼 들리지만 나는 꼭 그렇게 생각하지 않는다. 대부분은 아이들이 반복되는 학습에 싫증을 느끼거나 학습량이 너무 적어서 긴장감을 잃기 마련이다.

하루 학습량이 적으면 아이들이 더 열심히 하고 완벽하게 그 내용을 숙지할 것 같지만 그렇지 않다. 아이러니하게도 공부할 양이 적으면 아이들은 열심히 하려고 하지 않는다. 그렇게 공부한 아이들의 교재는 이상하리만큼 깨끗하다. 아이들이 유창하게 영어를 구사하기 위해서는 많은 양의 단어와 문법지식이 요구된다. 한마디로 인풋이 많아야 한다.

생각해보라. 한 달에 한 권씩 꼬박꼬박 끝내는 아이와, 한 권을 몇 달에 거쳐 끝내는 아이 중 어떤 아이가 더 실력을 뽐내겠는가? 답은 뻔

하다. 외국어로 영어를 학습하는 아이들로서는 힘들겠지만 매번 정기적인 인풋을 주어야 실력이 늘어난다.

또 하나의 문제는 평가시스템이다.

초기 상담할 때 꼭 물어보는 것이 있다. 평가는 정기적으로 이루어지는가이다. 매번 정기적으로 평가를 하는 학원이 있는가 하면, 1년에 한 번도 평가를 하지 않는 학원도 있다. 그래서 아이가 공부하는 책을 집에 한 번도 가져오지도 않고, 어떤 책인지 보지도 못했다는 부모가 상당수 계신다.

어머니는 학원을 믿고 보내는 것이 무척 중요하다. 서로 간의 신뢰가 없으면 계속적인 관계 유지가 힘들 뿐 아니라 학원장도 소신 있게 교육방침을 펼치기가 어렵다. 최초 상담 이후에는 사실 부모님들이 바쁘기도 하시기에 아이의 진도에 대해서는 신경을 쓰지 못한다. 믿고 맡겼으니 학원에서 알아서 할 거라는 생각을 갖고 있다.

상담을 할 때 "어머니, 평가는 정기적으로 했었어요?"라고 물어보면 열 명 중 여덟 명은 "아니오. 한 번도 안 한 거 같아요. 저는 무슨 책으로 공부하는지도 몰라요." 하고 대답하신다.

그러면 이렇게 부탁을 드린다.

"어머니, 어머니께서 충분한 상담을 거치신 후에 어떤 학원을 선택하시겠죠? 그리고 나서 믿고 맡기시는 거구요. 그게 정말 중요한 거예요. 서로 신뢰감이 없다면 어떻게 좋은 관계 유지가 되고 좋은 결과가 나오겠어요. 하지만 학원 선택할 때 딱 한 가지는 양보하지 마세요. 어떤 학원을 선택하시든 간에 평가가 정기적으로 이루어지지 않는다면 그 학원은 보내지 마세요."

평가는 결과가 중요한 것이 아니다. 매일 학원에 가서 공부를 하긴 하는데 정기적인 평가가 이루어지지 않는다면, 아이 스스로 긴장감도 없을 뿐더러 내가 얼마만큼 이해를 하고 있고, 내가 이해하지 못하는 부분은 어떤 건지 전혀 체크해볼 기회가 없다. 평가점수가 높다 낮다 하는 것은 중요한 것이 아니다. 아이 스스로 자신을 체크할 수 있는 계기와 도구가 없다는 것이 문제이다.

평가를 제때 하지 않는다면 학원 입장에서는 너무나 편한 일이다. 강사들은 시간을 내서 시험지를 복사하는 등 시험 준비를 한다. 물론 시험이 끝나면 채점도 하고, 점수가 잘 나오는지, 안 나오는지에 대해서도 신경을 쓴다. 점수가 안 나오면 강사 스스로도 자신의 실력과 연결된다는 생각에 아무래도 긴장을 하기 마련이다. 또 기대한 만큼 점수가 나오지 않으면 탈락으로 이어질 가능성도 높기 때문에 원장의 눈치도 보인다.

이렇게 정기적인 평가는 학생뿐 아니라 강사에게도 적당한 긴장감을 준다. 또한 평가를 통해서 아이가 어느 정도 이해하고 있는지 강사도 가늠할 수 있게 된다.

수업시간에 아이들은 질문을 하지 않는다. 이해가 잘 안 되는 부분도 아는 것처럼 넘어가는 경우가 많다. 문제풀이를 숙제로 내주면 인터넷으로 다운을 받아서 베껴오기도 한다. 우리 학원도 이런 문제로 고심을 했는데, 아이들이 편법을 쓰려고 하면 교사들보다 훨씬 더 잔꾀를 잘 내기에 도저히 당할 도리가 없다.

평가를 하면 이런 문제점이 해결된다. 평소 숙제에는 오답이 없던 아이도, 평가를 해보면 그것이 본인의 진짜 실력이 아니었음이 드러난다. 우리 학원도 초등은 늘 정기적으로 평가를 해왔다. 중등은 한 교재가 끝날 때 평가를 했는데 이런 문제를 해소하고자 초등이 시험을 보는 날에 중등도 매달 일괄적으로 평가를 했다. 그랬더니 훨씬 좋은 피드백들이 많이 나왔다. 강사들도 아이들의 결과를 보고 아이가 이해 못하는 부분을 알게 되었으며, 티칭에 더 책임감을 가지고 하는 것이 보였다.

평가에서는 결과도 중요하다. 하지만 학부모 상담을 할 때에는 오직 결과에만 집중하지 않도록 미리 이야기를 하는 것이 좋다. 정말 중요한 것은 아이가 한 달 동안 얼마나 성실하게 그 과정을 소화하고 흡수했냐 하는 것이다. 머리가 좋은 아이들은 짧은 시간 공부를 하고도 좋은 결과를 가져온다. 그런 아이들에게는 성실한 공부법이 얼마나 중요한지를 늘 일깨워 주는 것이 필요하다.

개중에는 정말 열심히 했는데도 결과가 좋지 않게 나오는 안타까운 학생도 있다. 그런 아이에게는 결과를 떠나서 꼭 따로 불러 칭찬을 해준다. 평가지를 보면 그 아이가 얼마나 열심히 노력을 했는지가 금세 눈에 보이기 때문이다.

결과야 어떻든 여러 가지 이유로 평가는 반드시 필요하다. 학원의 편의 때문에 아이들에게 정기적으로 평가를 하지 않으면 아이들의 실력은 제자리걸음을 할 수 밖에 없다. 정기적인 평가를 통해 아이들은 자신의 실력을 한 번 정도 점검해볼 필요가 있으며, 학원도 시스템이나 티칭 스킬에 고칠 점은 없는지 되돌아보는 거울로 삼아야 한다. 평가는 학원의 선택항목이 아닌 필수항목이니까.

성공을 위해
학원만의
독특한 컬러를
입혀라

04

끈질긴 관리력으로
승부하라

나는 어떤 일이든 대충하는 것을 무척 싫어한다. 대충할 거면 아예 시작을 하지 않는다. 그래서 이런 내 성격이 학원 아이들을 교육할 때도 고스란히 묻어난다.

아이들에게 적절한 목표를 부여해주되 해보지도 않고 "전 못할 거 같아요. 전 못해요"라고 말하는 아이들에게는 호되게 야단을 친다.

"왜 해보지도 않고 그러니? 최선을 다했어? 우리 뇌는 진실과 거짓을 구별 못해. 네가 못한다고 하는 순간 뇌는 그것을 사실로 받아들여서 정말 할 수 없게 너의 모든 상태를 만들어. 그러니 그렇게 말하지 마. 넌 할 수 있어. 네가 할 수 있기 때문에 선생님이 그만큼의 양을 준거야, 알겠지? 너를 믿고 한번 해보자. 선생님은 네가 할 수 있다고 믿어."

그러고는 할 수 있다고 아이를 다시 다독이고, 그럼 진짜 네가 할 수 있는지 없는지를 시험해보자고 한다. 대부분의 아이들은 반드시 그것을 해낸다. 그 결과 아이들의 자존감과 성취감이 높아지는 것은 두말할 나위 없다.

학원을 경영하는 분들이라면 누구나 공감하는 아이들의 타입이 있다. 일명 '시간 때우기'를 하는 아이들이다. 대부분의 학원의 학습시간은 1시간에서 2시간 정도이다. 매일 학습을 하는 학원은 1시간, 주 3회로 운영되는 학원은 2시간 정도이다. 우리 학원은 주 5회 학습이고, 클래스 수업을 하기 때문에 1시간 정도 아이가 머무르게 된다.

우리 학원은 내주었던 숙제를 해오지 않거나, 당일에 해야 할 일을 하지 않으면 수업이 끝나도 보내지 않고 학원에 남아 모두 마쳐야 귀가를 시키는 것이 원칙이다. 그럼에도 신규 학생들은 수업이 끝나면 가야 한다고 아우성친다. 아이들은 수업 후 남는 것을 아주 싫어해서 남아야 할 상황인데도 다음 학원을 가야 한다며 핑계를 댄다. 이럴 때는 반드시 학부모와 통화를 먼저 한다. 그러면 대부분의 어머니들은 남겨서 시켜달라고 하신다. 신규 교사들이 가끔 아이의 말만 듣고 보내는 경우도 있었는데, 반드시 학부모와 통화를 한 후 조치를 취하라고 한다.

우리 학원에 아주 유명한 일명 '11시 사건'이 있다. 개원하고 1년도 되지 않았던 날이었다. 초등은 전혀 시험 준비를 하지 않지만, 중등은 내신도 중요하기에 3주 정도는 시험 대비를 시킨다. 영어시험이 내일이라

마무리 문법을 정리하고 있었는데, 한 아이가 문법을 잘 이해를 못하는 것이었다. 수업은 이미 8시경에 끝났지만 어머니에게 상황을 말씀드리고 좀 더 아이를 봐주고 보내도 되겠냐고 했더니 알겠다 하셨다.

중학 문법은 개념 설명이 매우 중요하다. 개념만 잘 이해가 된다면, 문제를 푸는 것은 쉬워진다. 그렇기에 항상 개념을 먼저 설명해주고 아이가 이해했는지, 못했는지 알아보기 위해 그 개념을 다시 나에게 설명하게 하는 하브루타식 방법을 고집한다. 그런데 아이마다 개인차가 있기에 어떤 아이는 한 번 설명을 해도 이해를 하고, 어떤 아이는 여러 번 설명이 필요하기도 한다. 문법을 다시 설명을 해주고 내게 설명을 해보라고 하니 역시 잘 못했다.

"잘 이해가 안 되니?"라고 물어보니 "그렇다"라고 했다. 다시 설명을 해주고, 아이가 이해하면 문제를 풀게 하고, 채점을 하고, 오답을 고치고…. 시험이 내일인지라 오늘밤에 시간이 없었기에 이렇게 할 수 밖에 없었다.

중간에 어머니가 놀라서 전화를 하셨다. 설마 이렇게까지 학원에 있을 거라는 생각을 못하고 걱정이 되어서 전화를 하셨다는 거다. 걱정하지 마시고 마치면 전화를 드릴 테니 기다려주시라고 했다. 문제를 풀어보게 해서 오답이 계속되면, 문제를 살짝 바꿔서 같은 패턴을 반복적으로 학습하게 하여 완전히 이해하게 만드는 것이 나의 교수 방법이다. 한 파트 한 파트 설명을 하고 점검을 하다보니, 시간은 점점 흘렀고

다 마치고 나니 11시였다. 아이도 학부모도 놀라긴 했지만 덕분에 아이는 좋은 성적을 얻을 수 있었다.

또 한 아이는 매우 고집이 센 남자아이였다. 중학생인데 맘에 안들면 수업시간에도 입을 굳게 다물고 아무 말도 하지 않았다. 숙제를 해오지 않아서 남으라고 해도 그냥 시간만 흘려보냈다. 이런 일이 반복되자 선생님이 어떻게 하면 좋겠냐고 SOS를 보냈다.

"선생님 간단해요. 선생님이 수고스럽더라도 하루만 11시, 12시에 퇴근한다 생각하고 날을 잡으세요. 이 아이는 선생님이 퇴근을 해야 한다는 걸 알기 때문에 버티기를 하고 있는 거예요. 선생님이 아이에게 '나는 시간이 많아. 네가 이렇게 시간 때우기를 하면 선생님은 네가 과제를 다 할 때까지 기다릴 수밖에 없어. 어머니에게는 지금 전화를 드릴게.' 하고 반드시 앞에서 통화를 하세요.

'어머니. XX가 숙제를 안 해 왔어요. 그래서 지금 해야 하는데 저렇게 앉아만 있네요. XX가 오늘 늦을 것 같아요. 마무리되면 제가 집으로 데려다줄 테니 걱정 말고 주무세요.' 하고 말이에요."

그리고 정말 그렇게 했다. 처음에는 목석같이 앉아있던 아이가, 부모님과 통화하는 것을 듣더니 그제야 슬그머니 움직이더란다. 그때는 이미 9시를 넘긴 시간이었다. 그 아이도 11시를 넘겨서 단어를 외우고 숙제를 하고 귀가했다. 그 후로 그 아이는 어떻게 되었을까? 물론 남는 날도 있었지만 절대로 고집은 피우지 않았다. 자기가 할 일을 서둘러 마치고 집으로 돌아갔다.

아이들은 교사의 확고한 신념을 보면 더 이상 고집을 피우지 않는다. 쉬운 일은 아니겠지만 확실한 방법이다. 이런 소문이 나면서 우리 학원의 끈질긴 관리력은 좋은 평가를 받는다. 아이들이 강사의 의도대로 따라주지 않는다면, 한 번쯤은 시도해볼 일이다. 아이들은 한 번 강사의 성향을 파악한다면 다음부터는 강사가 시키는 대로 한다. 그래서 늘 아이들에게 이렇게 말한다.

"네가 고집을 피우게 된다면, 선생님도 대충 넘어가지 않을 거야. 네 할 일을 다 해야 갈 수 있어. 넌 똑똑하니깐 잘 생각해보고 행동해라."

아이가 늦게까지 할 일을 끝내고 돌아갈 때는 반드시 빈손이 아닌, 먹을 것을 주어서 돌려보냈다. 밤늦게까지 수고했다고, 피자를 한 판 보내서 가족과 나누어 먹게 하던지 막대사탕 몇 개라도 반드시 들려서 보내야 한다. 나의 서랍에는 이렇게 아이들에게 나눠줄 비상식량(?)이 늘 구비되어 있다.

아이들은 아이들이다. 힘들었지만, 이런 보상이 온다면 몇 시간의 수고쯤은 싹 잊어버린다. 그리고 다음날 또 웃는 낯으로 학원 문을 들어선다.

'문법 마인드맵'이
뭐지?

우리 학원의 가장 독특한 시스템을 하나 들라고 하면 자신 있게 드는 것이 바로 '문법 마인드맵'이다.

'문법 마인드맵'이라는 말만 듣고도 개념이 머릿속으로 그려지는가? 대부분의 영어학원에서는 문법을 가르칠 때 서술형으로 칠판 가득 설명을 써 가는 게 보통이다. 3P자기경영연구소의 강의를 들으면서 알게 된 마인드맵.

토니 부잔이 도입한 개념으로 '생각의 거미줄'이라고 표현할 만큼 자신의 생각을 제한 없이 도해식으로 확장해나갈 수 있는 것이 특징이다. 기존의 서술식에 비해 정리도 간편하고, 도해이다 보니 기억하는데도 훨씬 유리하다. 강의를 들으면서 그 자리에서 강의내용을 마인드맵으로 정리하던 선배들을 보며 '어떻게 저렇게 할 수가 있지?' 무척 놀랐던 경험이 있다.

관심이 생기기도 하고 나도 그렇게 해보고 싶다는 생각이 들어서 마인드맵 강의도 듣고 서술식으로 정리하는 대신 마인드맵으로 정리하는 습관을 들여 보기로 했다. 처음 일정 기간 동안은 그리는 방법도 미숙하고 공간배분도 잘 못해서 실패도 많았다. 하지만 마인드맵은 그렇게 어려운 방법이 아니었다. 조금만 연습하면 누구든지 그려낼 수 있다. 마인드맵이 익숙해지니 이제는 무슨 강의를 듣든지, 심지어 교회에서 설교를 들을 때에도 마인드맵이 훨씬 편하다. 강사들과 회의를 할 때도, 심지어 급히 떠오르는 아이디어를 정리할 때도 쓱쓱 마인드맵을 그린다.

이렇게 2년여를 하다보니 학원생에게도 도움이 많이 될 거라는 생각이 들었다. 그래서 먼저 내가 문법을 한 장 한 장 마인드맵으로 그려 보았다. 그리고 한 반만 시범적으로 '문법 마인드맵'을 시작해보았다. 마인드맵이라는 개념이 생소해서 처음에는 그리기를 어려워했다. 말 그대로 보고 따라 그리기만 했던 아이들인데, 이해하는 부분에서는 확실히 차이를 보였다. 기존의 서술식 문법 설명은 기억하기도 힘들고, 어렵고 복잡하게만 생각하더니 도해로 그려서인지 확실히 쉽게 기억을 해냈다. 그리는 것도 1주일간 연습을 하니 훨씬 매끄러워졌다.

아이들에게 '문법 마인드맵'을 그려주면서 1차로 설명을 하고, 다 그려진 마인드맵을 보면서 다시 한번 설명을 한다. 마인드맵의 주·부가지만 남겨놓고 아이들에게 물어보며 채워보는 하브루타식 방법을 쓴 것이다. 문법이라고 하면 보통 초등학생들은 어렵게만 생각을 하고, 중학생들이 하는 거라는 선입견을 가지고 있었는데, 마인드맵으로 접근을 하니 그림 그리는 것처럼 재미있어 했다.

'보기 좋은 떡이 먹기도 좋다'고 하지 않든가. 예쁘지 않는 마인드맵도 선을 따라 색을 입히면 정말 예뻐진다. 아이들에게 사인펜이나 색연필, 스티커도 가지고 와서 예쁘게 꾸며보게 했다. 잘 그리는 아이들은 사탕이나 간식거리를 주었다. 이렇게 한 달 넘게 수업을 해보고 마인드맵이 문법을 이해하는데 탁월하다는 결론이 나자, 학원 전체로 도입을 해보기로 마음을 먹었다.

그런데 문제는 강사들이었다. 이미 기존의 서술형 설명에 익숙해진 그들에게 마인드맵은 숙제와도 같았다. 마인드맵이라는 개념조차 생소했다. 학원에 마인드맵을 도입하고 싶다고 하자 다들 난감한 표정을 지었다. 업무시간 외에 강사들이 더 많은 시간을 투자해야 한다는 걸 알고 있었기 때문이다. 이런 그들에게 '아이들에게 좋은 것을 주기 위해서는 선생님들의 수고와 협조가 반드시 필요하다'고 설득을 하고 강사들에게도 일단 '문법 마인드맵'을 시연해주었다.

한 번 직접 해보고 의견을 나눠보자고 했다. 아이들과 같은 방법으로 시연을 하고 의견을 물어보니 나쁘지는 않을 거 같다고 했다. 다행히 독서모임도 같이 하고 바인더도 함께 쓰는 등 같은 가치를 지향하던 강사들이라 힘들겠지만 한번 해보자고 의견이 모아졌다.

《성과를 지배하는 바인더의 힘》에 효과적인 교육방법으로 '알보시고'라는 개념이 있다. 알려주고, 보여주고, 시켜주고, 고쳐주는 방법이다. 이 '알보시고'의 방법을 사용해서 일단 내가 하나씩 알려주고, 그러면서 보여주고, 강사들은 보고 그린 '문법 마인드맵'을 그대로 연습하고 외워서 다음날 시연을 해보게 했다.

한 강사가 시연을 하면 피드백을 해서 부족한 부분은 보완하는 방식이었다. 중1~중3까지 문법을 모두 이런 식으로 정리하다 보니 두 달 이상이 걸렸다. 매일매일 '문법 마인드맵' 시연을 하기 위해 강사들은 출근시간보다 1시간씩 일찍 출근했다. 지금 생각하면 그때 그렇게 해준 강사들이 너무 고맙다. 내가 아무리 의욕을 가지고 시작을 하려고 해도 그들이 따라주지 않는다면 불가능한 일이었다. 매일 데모수업으로 지칠 수 있는 강사들에게 점심도 사주고, 커피까지 풀코스로 대접했다.

"마인드맵이라는 개념이 지금은 생소하지만 이건 정말 좋은 아이템이다. 선생님들이 여기서 마인드맵을 정확하게 익힌다면, 선생님을 차별화시킬 수 있는 강력한 무기가 될 것이다." 하고 이야기를 해주었다. 그것이 사실이기 때문이다. 지금도 전국에서 마인드맵을 가지고 문법을 강의하는 학원은 우리밖에 없을 거라고 생각한다.

학원은 매뉴얼도 중요하고, 시스템을 통일시키는 것도 중요하다. 마인드맵은 지금은 이렇게 쉽게 이야기할 수 있지만, 처음 도입할 때는 정말 어마어마한 프로젝트였다. 일단 새로운 방식을 익혀야 하고, 모든 강사들이 누구를 가르치든 같은 그림이 나와야 하기에 몇 번씩이나 피드백을 거쳐서 완전히 통일된 그림을 내어놓아야 했기 때문이다. 어떤 강사가 어떤 반에 들어가서 어떤 문법을 가르치더라도 같은 그림이 나오게 하는 것이 내 목표였다.

이렇게 되면 강사가 교체되어도 전혀 타격을 받지 않는다. 이것이 시스템의 힘이다. 오늘 그린 마인드맵이 맘에 들지 않으면, 다시 연습을 해서 다음날 시연을 해보게 했다. 나는 항상 날카로운 피드백을 주기 때문에 강사들이 많이 힘들어했던 것도 사실이다. 이제 신규 강사 채용 시에는 항상 '알보시고' 방법으로 마인드맵을 익히는 시간을 최소 한 달은 갖는다.

지금은 마인드맵을 학원에 도입한 지 3년이 되어간다. 대부분의 학부모들은 마인드맵을 모른다. 하지만 초기 상담 때 학원생들이 그려놓은 마인드맵을 보여주면 모두들 공통적으로 "와~!" 하는 탄성을 자아내신다. 그러면서 "이거 정말 초등학생이 그린 게 맞느냐?"고 물어보신다. "시간이 걸릴 수는 있지만 연습을 하면 다들 이렇게 그려낼 수 있다"라고 자신 있게 말씀드린다. 이미 우리 원생들을 통해서 증명된 사실이다.

마인드맵이 정말 좋은 거라는 걸 다시 한번 깨달은 사건이 있었다. 우리 학원은 학부모들을 대상으로 2달에 한 번 교육과 그 외의 정보를 제공해드리는 '교육콘서트'를 시작했는데, 1회 차를 준비할 때 학부모들에게 이 '문법 마인드맵'을 시연하는 아이의 동영상을 보여드리면 좋겠다는 생각이 들었다. 학원을 보낸 지 오래된 학부모들은 이야기만 들었지 실제로 마인드맵을 어떻게 사용하는지 몰랐기 때문이다. 그래서 '짱짱나비' 독서모임을 마치고 누가 혹시 조동사에 대해 마인드맵을 그려볼 수 있겠냐고 했더니, 한 아이가 해보겠다고 했다.

독서모임 멤버들은 초4, 초6으로 구성되어 있는데 4학년인 보민이였다. 연습도 없이 조동사 파트를 보지도 않고 바로 시작을 했는데 정말 멋지게 그리면서 설명을 했다. 유튜브에 '문법 마인드맵 - 김보민'이라고 검색하면 볼 수 있으니 한번 보시길 권한다. 보민이를 보면서 정말 마인드맵은 탁월한 도구라는 것을 한 번 더 느낄 수 있었다. 물론 보민이는 워낙 발표하는 것도 설명하는 것도 좋아하는 아이지만, 즉석해서 저렇게 할 수 있다는 게 정말 놀라웠다.

기존의 학원에서 마인드맵을 도입하는 게 쉬운 문제는 아니다. 앞서 이야기했지만, 서술형에 익숙한 강사를 설득하는 것도, 그들을 다시 마인드맵을 외우게 하는 것도, 통일화된 마인드맵을 그려내는 것도 매우 어렵고 많은 시간과 노력이 소요되기 때문이다. 하지만 이 마인드맵은 지금 우리 학원만의 차별화된 도구가 되었다.

초등 5학년 마인드맵

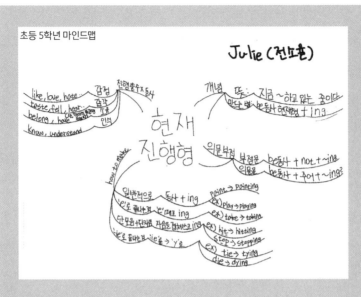

중등 1학년 마인드맵

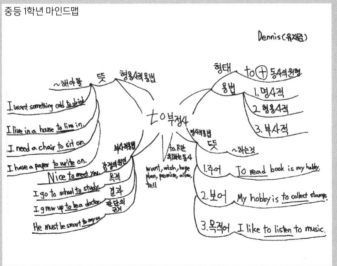

강은영 마인드맵

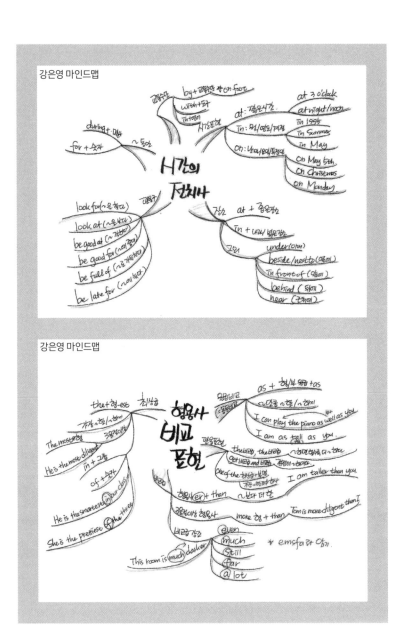

다른 어느 학원에서도 사용하고 있지 않고, 학원생들이 이제 영어 '문법 마인드맵'을 뛰어넘어 다른 과목에서도 적용을 시작했기 때문이다. 한 학부모는 아이가 학교에 가서 다른 친구에게 '문법 마인드맵'을 그리는 방법을 설명하면서, 으쓱해한다고 자랑스러워하셨다. '문법 마인드맵'으로 시작을 했지만, 사실은 아이들이 학교 교과목을 공부하면서 타 과목에도 이 방법을 도입하면 쉽게 암기를 해서 도움을 받을 수 있겠다 싶었는데, 아이들이 잘 확장을 해나가는 것 같다.

현직 초등학교 교사인 한 어머니가 아이들을 맡기셨는데, 어느 날 전화통화를 하다가 마인드맵 이야기를 하셨다.

"좋은 것은 알았지만 가르칠 방법이 없었는데, 학원에서 이런 것들을 알아서 원장님이 알려주셔서 감사해요. 늘 아이들을 위해 좋은 것을 주시려는 것이 보여요. 감사합니다."

신규 상담을 하던 어머니는 "화순에도 이런 것을 쓰는 원장님이 있다는 것이 놀랍다. 정말 깜짝 놀랐다"고 하시며 즐겁게 등록을 하고 가셨다. 마인드맵을 도입하기까지 힘은 들었지만 이런 어머니들의 반응을 대하면 그간의 수고가 싹 사라진다. 강사들에게도 반드시 공유를 해서 강사들도 보람을 느낄 수 있게 해준다.

나가타 도요시의 《생각정리기술 도해사고력》이라는 책에 보면 우리 뇌가 얼마나 도해를 기억하는 데 탁월한지 자세하게 나와있다. 궁금하신 분은 반드시 일독을 해보시길 권한다.

학원만의 경영이념과
미션을 만들다

이 글을 읽는 분들 중에 '학원에서 무슨 경영이념과 미션이 필요해?' 이렇게 생각하는 분들이 있을지도 모르겠다.

2014년 1월, 나의 새로운 목표와 꿈이 생긴 후 곧바로 학원의 미션과 비전, 경영이념을 생각해보았다. 사람이 이 세상에 그저 태어난 것이 아니라 분명히 태어난 목적이 있는 건데, 그렇다면 학원도 분명한 사명감과 비전이 있어야 한다고 생각했다.

먼저 내가 원했던 학원의 모습을 그려보고 키워드를 적어보았다. 그랬더니 선한 영향력, 글로벌 인재, 성장, 정직, 조력, 양성 등 나아가고 싶은 분야가 보였다. 그루핑 grouping 을 해서 먼저 미션을 만들었다.

화순이라는 지역은 군 단위의 시골이긴 하지만, 영어교육을 시작한 만큼 아이들의 실력은 도시 아이들 못지않게 키워주고 싶었다. 그래서 개원 초기부터 '공부를 할 때는 제대로 하라'는 이야기를 귀에 못이 박히도록 아이들에게 들려주었다. '너희들은 비록 화순이라는 지역에 있지만, 열심히 공부하면 누구보다 더 잘하게 될 거야'라고 하며 아이들의 귀한 시간을 좀먹는 원장이 되지 않기 위해 끊임없이 노력했다.

원장이기 이전에 딸들을 키우는 엄마의 입장으로 쓰라린 기억이 있었다. 큰아이가 어린이집을 다니기 시작한 5살 때부터 피아노를 시작했다. 성장하여 교회에서 반주자로 봉사를 했으면 하는 나의 소망도 있었고, 5시 넘어서 끝나는 종일반을 시키고 싶지 않아서였다.

처음에는 새로운 환경이 낯설어 신발도 벗지 않고 현관에 서서 울기만 했던 아이가 원장님의 보살핌으로 서서히 피아노 앞에 앉게 되었다. 7살이 되자 체르니 30번을 시작을 했고 꽤 잘 친다는 이야기를 들었다. 학원을 오픈하면서 화순으로 이사를 하게 되었고, 화순의 한 피아노학원에 아이를 보냈다. 학원을 오픈해놓고 어느 정도 반열에 올려놓아야 한다는 생각에 정신없이 일에 몰두하다 보니 아이의 피아노 진도에는 신경을 쓰지 못했다. 4학년이 된 어느 날 아이의 진도를 확인해보니 '맙소사' 아직도 체르니 30번을 치고 있었다. 아이가 피아노를 정말 못 치면 그렇다고 생각할 수도 있으나 벌써 4년 가까이 학원을 보냈고, 나름 광주에서는 꽤 소질이 있다고 칭찬을 받던 아이였는데 아직도 체르니 30번을 치고 있다는 사실에 가슴이 덜컥 내려앉았다.

돈을 낭비했다는 생각보다는 시간을 낭비했다는 생각에 화가 치밀었다. 돈은 버렸다고 생각하면 되지만, 지나간 금쪽같은 시간은 도저히 되돌릴 수도, 보상을 받을 수도 없었다. 당장 그 학원을 그만두게 했고, 다른 학원에서 결국 다시 체르니를 치게 되었다. 아이는 너무 힘들어했다. 체르니 30번을 몇 년째 치니 당연히 지칠 만했다. 결국 겨우 체르니 30번만 완성하고 피아노를 그만뒀다. 이런 아픈 경험이 있기에 늘 강사들에게 '아이들의 시간을 좀 먹는 학원은 되지 말자'고 이야기하고 나도 늘 다짐하고 다짐한다.

"이보영토킹클럽은 주위에 선한 영향력을 끼치는 글로벌 인재양성의 장으로 존재한다"는 미션을 만들면서 어떻게 선한 영향력을 미칠 수 있을까? 어떻게 글로벌 인재양성을 할까? 고민했다. 그 산출물로 아이들에게 도입한 것이 바인더와 독서모임이다.

아이들에게 어릴 적부터 시간을 관리할 수 있는 좋은 도구를 알려주고, 시간을 관리할 수 있는 능력을 심어주는 것. 또한 독서를 통해서 생각의 틀을 넓혀준다면 그 아이가 성장해서 얼마나 멋진 인재가 되리라는 것은 의심할 나위가 없었다. 우리 독서모임의 모토는 '공부해서 남을 주자'이다.

주위에는 2가지 성향의 사람을 볼 수 있다. 첫 번째는 좋은 것이 있으면 아낌없이 널리 알리고 공유하려는 사람, 두 번째는 혹여나 누가 알까봐 혼자만 좋은 정보를 알고 있으려는 사람이다. 성공한 사람은 모든 좋은 정보를 주위 사람들과 공유하고 퍼뜨린다. 그래서 주위 사람들에게 선한 영향력을 미치고, 다시 그들이 또 주변 사람에게 공유를 하는 식으로 좋은 것을 퍼트리게 만든다. 학원 아이들도 이런 성공자의 마인드를 가질 수 있도록 수업시간에도 틈나는 대로 성공한 사람들의 에피소드를 들려주고, 좋은 것은 혼자만 알고 있지 말고 나눌 것을 강조하고 있다.

학원 운영의 푯대가 될 경영이념은 정직, 조력, 양성, 나눔의 4가지 항목으로 만들었다.

정직

미국의 백만장자들의 성공 요인을 파악한 설문을 보면 그 결과가 흥미롭다. '부모에게 유산을 받는다'라는 항목이 있을 법도 하고, 한국의 부자들이 그렇듯 '부동산이나 주식투자를 잘한다'라는 항목도 있을 법한데 전혀 없다. 1위부터 5위를 살펴보자.

5위는 남들보다 더 열심히 일한다. 4위는 내·외조를 잘하는 배우자가 있다. 3위는 대인관계가 좋다. 그리고 대망의 공동 1위는 바로 '자기관리를 잘한다'와 '정직'이 차지했다.

'정직이 최선의 정책 honesty is the best policy'이라는 말도 있지 않는가. 개원 때 가능하면 '털어서 먼지 나지 않는 학원을 만드는 것'이 내 목표였다. 뉴스에서 흔히 볼 수 있듯이 성공한 기업들이 그들의 이익을 위해 이중 장부를 만들어 관리하는 경우가 많은데 훗날, 그것이 그들의 발목을 잡는 결과를 많이 보았다.

학원은 교육청에서 1년에 한두 차례 학원 지도점검을 실시한다. 나와서 장부와 카드전표는 틀린 게 없는지, 고지한 수강료 이상으로 학부모들에게 부과를 하고 있지는 않는지, 학원서류는 잘 구비하고 있는지를 점검하는데, 지도점검을 나오는 선생님들께 '우리 학원은 정직을 최우선으로 하기 때문에 규율을 어기는 일은 하지 않고, 신고한 것과 다르게 운영한 것은 없다'고 말씀드린다. 털어서 먼지 나지 않는 학원을 만들자고 하는 룰을 세워서인지, 내 자신에게 부끄러운 일을 하고 싶지는 않다. 나는 크리스천이기에 더욱 하나님 앞에서 부끄럽지 않는 사업체를 운영하고 싶다.

조력

아이들이 이곳에 오는 이유는 영어를 배우기 위해서이다. 그런 아이들이 지치지 않고 영어에 흥미를 잃지 않으며, 공부를 지속할 수 있도록 격려하고 도와주는 것이 내가 할 일이다.

어떤 학부모들은 상담을 와서 "혹시 아이들이 모른다고 혼을 내지는 않죠?" 하고 물어보신다. "어머니, 몰라서 배우러 온 건데 모른다고 화를 내면 어떻게 해요. 그런 일은 없어요. 저한테 혼나는 일은 딱 한 가지, 저와 약속을 지키지 않을 때입니다." 하고 말씀을 드린다.

실제로 시간을 지키지를 않거나 약속한 숙제를 해오지 않을 때는 반드시 따끔하게 야단을 친다. 하지만 모른다고 아이를 닦달하거나 야단은 치지 않는다. 내가 정말 싫어하는 태도는 '모르면서 아는 척' 하는 것이다. 문법 설명을 할 때 이해가 안 된다고, 다시 설명해달라고 요청하는 아이들은 드물다. 대부분은 모르면서도 모른다고 하지 않는다. 다른 친구들은 다들 이해를 하는데 나만 이해를 못하고 있는 건 아닌가 싶어 부끄럽게 생각을 하고 절대 내색을 하지 않는다.

그래서 수업 중에는 반드시 아이들에게 수업내용을 되물어보고 설명하게 하는 〈하브루타식 학습법〉을 고집한다. 아이들에게 문법개념을 설명해주고 아이들이 다시금 아는 내용을 설명하게 하는 것이다. 그렇게 하면 아이들이 아는 것과 모르는 것을 정확하게 구별해내는데 많이 도움이 된다.

아이들은 누구라도 슬럼프가 찾아온다. 어른들도 직장생활이 싫어질 때가 있는데 아이들은 오죽할까? 그때도 그 슬럼프를 유연하게 넘어갈 수 있도록 도와주는 것이 내가 할 일이다. 일단은 하기 싫어하는 그 아이의 마음을 공감해주고, 너무 하기 싫으면 그날은 좀 쉬고 나와 얘기를 나누게 한다. 그러면서 은근슬쩍 왜 영어공부를 꾸준히 하면 좋은지 마지막에 더해준다. 그러면 아이는 고개를 끄덕이고 다음날 공부를 지속할 수 있는 힘을 충전해 가게 된다. 물론 상담 시 아이들의 마음을 풀어줄 먹거리를 준비하는 것은 필수이다.

양성

아무리 영어학원이 아이들의 미래에 관심이 있고, 아이들과 소통을 잘한다고 해도 아이들의 영어실력이 엉망이라면 어떻게 될까? 내가 학부모라고 해도 이런 학원은 보내기가 쉽지 않을 것 같다. 영어학원이라면 일단은 영어실력이 기본적으로 보장이 되어야 한다.

우리 학원은 아이들의 영어실력을 탄탄하게 만들기 위해 수업 중에는 최대한 집중하게 하고, 숙제도 꼼꼼하게 체크하고, 특히 오답정리에 신경을 많이 쓴다. 채점도 중요하긴 하지만 틀린 부분은 왜 틀렸는지 알아야 다음부터 틀릴 확률이 줄어들기 때문이다. 워크북이나 핸드아웃도 그냥 흘리지 않는다.

수업 시간에는 탁자에 엎드리거나, 턱을 괴는 자세도 하지 않게 한다. 글씨체를 알아보지 못할 정도로 엉망으로 쓰는 아이들도 있는데, 글씨체가 좋든 아니든 깔끔하게 알아볼 수 있도록 쓰라고 한다. 틀린 것을 그냥 쭉쭉 긋고 그 위에 덮어쓰는 아이들에게는 가능하면 지우개로 깨끗이 지우고 다시 쓰게 한다. 훌륭한 영어실력을 갖출 수 있게 도와주는 것도 중요하지만, 자잘한 학습습관을 지금 잡아주지 않으면 더 성장했을 때는 고치는 것이 얼마나 힘든지를 알기 때문이다.

'바른 공부습관은 바른 자세에서 시작된다'는 게 나의 지론이다. 공부할 태도가 좋지 않고, 바른 자세가 아닌데 그 아이가 어떻게 공부할 마음의 준비가 되었다고 할 수 있을까? 원생들을 내 자식처럼 여기고,

튼튼한 반석 위에 학습습관을 세워가도록 하나하나 코칭해주는 것은 아주 중요한 작업이다. 바른 습관은 아이의 평생 자산이 될 것이기 때문이다.

나눔

학원을 운영하다 보면 참 다양한 아이들을 만나게 된다. 탄탄한 경제력을 갖춘 부모 아래서 아무 걱정없이 잘 자라고 있는 아이들도 있고, 부모의 경제력은 탄탄한데 도통 공부에 관심이 없는 아이도 있다. 또 공부를 하고 싶어도 형편이 넉넉하지가 않아서 학원을 다닐 여유가 없는 아이도 있다.

상담을 하다보면, 할아버지 할머니가 상담을 오시는 경우도 있다. 처음에는 잘못 찾아오셨구나 생각했다. 다른 곳을 찾아가시려고 하다가 우리 학원을 실수로 오지 않으셨나 했다. 알고보니 조손 가정으로 손자손녀를 상담하기 위해서였다. 상담을 하다가 이런 딱한 사정을 알게 되면 학원비를 거의 받지 않는다. 절대로 무료로 해드리지는 않고 교재비 정도만 받는다. 무료로 해줄 수도 있지만 그렇게 하면 보내는 분들도 마음이 편치 않고 왠지 빚지는 느낌이 들어서 오래 지속하지 못할 것 같다는 생각이 들었기 때문이다. 교재비로 3만 원 정도를 받는데 그 정도면 그렇게 부담을 느끼지 않으면서도, 책값 정도는 내가 부담했다는 생각에 어느 정도 마음이 편해지시는 것 같았다.

불경기를 가장 절실하게 느낄 때가 있었는데, 아이들의 재수강 때이다. 멀쩡하게 다니던 아이의 어머니가 갑자기 문자를 보내 '가정형편이 어려워져서 아무래도 그만 보낼 수밖에 없을 것 같다'고 하셨다. 아이는 정말 영어를 재미있어 하고 열심히 하고 있는데, 가정형편 때문에 중단해야할 상황이어서 안타까움이 컸다.

아이가 하기 싫어서 중단이 되는 것은 이해할 수 있지만, 아이들의 배움이 돈 때문에 중단이 되어서는 안 된다는 것이 내 경영방침이다. 전화를 해서 어머니에게 나의 솔직한 심정을 말씀드렸다. "어머니는 마음이 안 편하실 수도 있지만, 형편이 좋아질 때까지는 교재비 정도만 부담하시고 아이가 공부를 지속할 수 있게 하자"고 말씀드렸다. 이런 상황이 몇 번 있었는데 그럴 때마다 어머니들의 반응은 "선생님께 폐를 끼치는 것 같아서 죄송하다"는 것이었다.

그러면 "아니에요 어머니. 아이가 하고 싶어 하는데, 그만두게 하는 것이 아이에게는 어릴 적의 상처로 남을 수 있잖아요. 아이에게는 내색마시고 회복될 때까지 그냥 보내세요. 대신 형편 좋아지시면 그때는 꼭 수강료 제대로 내셔야해요!" 하고 웃으며 말씀드린다. 거절을 하시고 안 보내시는 어머니도 있으셨지만, 대부분은 "정말 감사하다, 다음에 형편 좋아지면 꼭 맛있는 거 사드리겠다"라고 하신다. 학원을 운영하면서 좋을 때가, 보람이 있을 때가 이런 때이다.

내가 강사의 신분이었다면 이런 상황이 닥쳤을 때 융통성을 발휘하기가 힘들었을 텐데, 오너이기 때문에 이것이 가능한 것이다. 학원사업을 경제적인 어려움을 품고 시작했기에 내가 학원을 운영하면, 어려운 상황에 있는 사람들을 어떠한 방법으로든 돕고 싶다는 생각을 했다. 이렇게 돕고 나면 내 마음이 더 따뜻해지고 뿌듯해진다. 목회자들의 자녀에게도 같은 혜택을 드린다.

어떤 사람들은 "원장님이 그렇게 해도 그 사람들은 고마운 줄도 모를 거야. 그들은 그런 걸 당연하게 생각하고 오히려 그것을 이용할 수도 있어"라고 하지만 나는 그렇게 생각하지 않는다. 사람의 마음은 일방통행이 없다고 생각한다. 느낌은 쌍방이다. 나의 이런 마음을 그들도 충분히 느끼고 감사할 거라 나는 믿는다.

설사 지금은 감사를 못 느낀다 하더라도, 언젠가는 나의 이 마음을 진심으로 이해할 때가 올 것이다. 그래서 그들이 베풀 수 있을 때 주변 사람에게 그들이 받았던 대로 선하게 베푸는 날이 반드시 다가올 거라 믿고 싶다. 그들에게 베푸는 것은 조건을 바라고 하는 것이 아니다. 그냥 내 마음이 그것을 원하기 때문이다. 그게 나의 즐거움이고 내가 사업하는 이유이기 때문이다.

세상에는 기버 giver 와 테이커 taker 가 있다. 나는 약삭빠르게 자신의 이익을 취하는, 그저 받기만 좋아하는 테이커가 되기보다는, 어리석고 미련하게 보일지라도 나의 마음을 전달할 수 있는 기버가 되고 싶다. 받을 때도 즐겁긴 하지만, 도움이 필요한 자에게 필요한 무언가를 제공해주었을 때 그들이 그때 보였던 반응, 그때의 그 감동을 자주 체험한 사람이라면 기버로 남는 것을 절대로 주저하지 않을 것이다.

세상은 내가 조금 손해 본다고 생각하고 살아야 내 인생도 행복해지고, 주변도 더욱 따스해진다. 그렇게 세상은 조금씩 살만한 곳으로 바꿔져가는 것이다. 나는 그런 따스함이 가져올 힘을 믿는다.

여기가 진짜 영어학원 맞아?
바인더, 꿈리스트

우리 학원은 영어학원이지만 정말 독특한 영어학원이다. 우리는 원생들의 꿈과 미래에 많은 관심을 가진다. 원래 아이들에게 관심이 많아서도 그러했지만 3P교육을 받은 후로 나의 미션과 비전은 정확해졌고, 더 굳건해졌다.

특히 질풍노도의 시기라고 하는 청소년기에 급격히 관심이 집중되었다. 그 시기에는 고민거리가 생겨도 누구랑 이야기를 할 수가 없었다. 부모와 소통하는 아이는 정말 적고, 대부분 친구들과 어울려서 문제의 해결책을 찾으려 하다보니 쉽게 술, 담배에 빠졌다.

청소년기의 뇌는 '파충류의 뇌'라고 한다. 전두엽이 한참 리모델링을 하고 있는 시기라서, 감정조절도 잘 되지 않고, 금방 화를 냈다가 깔

깔거리기도 하고, 감정기복이 극도에 달한다. 아이들을 위해 무슨 일부터 해볼까 고민하다가 시작한 것이 아이들의 '꿈리스트'이다.

우리 학원 아이들은 모두 개별 이름이 새겨진 바인더를 가지고 있다. 개원 초기에는 흔히들 많이 쓰는 파일을 썼는데 속지가 비닐로 되어 있어서 아이들이 내용물을 끼워넣거나 순서를 바꿀 때도 번거롭고 쉽게 찢어져서 불편한 점이 많았다. 지금은 특허 받은 20타공의 바인더를 쓰는데, 타공기로 편리하게 구멍을 뚫을 수 있고 자료의 바인딩이 쉽다. 이 바인더의 맨 앞장에는 아이들의 '꿈리스트'가 있다. 하고 싶은 일, 가보고 싶은 곳, 갖고 싶은 것, 되고 싶은 모습, 나누어주고 싶은 것의 총 5가지 영역에 아이들의 꿈이 듬뿍 심어져 있다.

많은 사람들이 인생을 살면서 자신의 꿈에 대해 생각해보는 시간을 갖기란 쉽지 않다. 아이들도 그렇지만 어른들도 마찬가지다. 그냥 하루하루 주어진 시간을 사는 것일 뿐이다. 내가 왜 살아가고 있는지, 나의 목표는 무엇인지, 내가 가고 싶은 길은 어딘지 생각을 하지 않는다.

처음 '꿈리스트'를 적으라고 하면 아이들은 너나없이 "이런 걸 왜 적어요?" 하며 시큰둥하게 말한다. "너는 꿈이 있어?"라고 물어보면 대부분은 "아뇨, 없어요"라고 대답한다.

" 너희들은 너희들 자신에 대해 얼마나 깊이 생각하는 시간을 가져봤니? 너희들 인생은 너무 소중하고, 너희들이 주인공인데 뭘 좋아하는지, 뭐가 되고 싶은지를 생각해보지 않잖아. 인생을 살 때 꿈이 생기고, 목표가 생기면 인생길을 구불구불하게 돌아가지 않아도 돼. 목표가 있기 때문에 목표를 향해 직진하면 되거든. 그렇다면 너희 인생을 낭비하는 시간도 줄고, 곧장 직진할 수 있으니 얼마나 좋아. 꿈이 없었어도 괜찮아.

하지만 이 시간을 계기로 네가 정말 좋아하는 게 뭔지, 그럼 평생에 뭘 하면 가장 행복할 건지 생각해보고 한번 적어보자. '꿈리스트'를 적을 때는 꿈이 이루어질 건지 아닐 건지 고민하지 말고 적어. 꿈은 꿈이니까. 네가 자주 '꿈리스트'를 들여다보고 소망하면, 우리의 잠재된 능력이 살아나서 그 꿈은 반드시 언젠가는 이루어지게 돼."

아이들은 잘 모르지만 부모 세대라면 누구나 잘 아는 코믹연기의 거장 짐 캐리. 지금은 억대의 출연료를 받는 배우지만, 그도 처음에는 삼류 배우였다. 캐나다에서 태어난 그는 스타가 되겠다는 꿈을 갖고 중고자동차에 몸을 싣고서 할리우드로 진출하지만 현실은 그리 호락호락하지 않았다. 몇 년 동안 자동차에서 잠을 자고, 공중화장실에서 세면을 하고, 햄버거 하나를 세 조각으로 나누어 끼니를 연명하던 그는 더 이상 이런 삶을 살아서는 안 되겠다 작정을 하고 할리우드의 가장 높은 언덕으로 올라간다. 그러고 나서 종이 한 장과 펜을 꺼내들고 자기앞 수표를 작성한다. 5년 뒤에 자신에게 1000만 달러를 지급하기로 기록을 하고 빈 지갑에 넣어가지고 다니며 매번 힘들 때마다 그 종이를 꺼내보았다. 5년 뒤 그는 어떻게 되었을까? 잘 아는 대로 짐 캐리는 마스크, 덤 앤 더머로 일류배우가 되어 1700만 달러의 출연료를 받게 된다.

이런 이야기를 하면 아이들의 눈은 금새 호기심이 가득해진다. 성격 급한 아이들은 먼저 종이를 채워나가기 시작한다. 어렵게 보일 수도 있기 때문에 아주 구체적으로 기록한 '꿈리스트' 샘플을 보여주기도 하고, 나의 '꿈리스트'를 공유해주기도 한다. 그러면 대부분은 잘 채워나간다. 적을 게 없다고 하던 아이가 막상 쓰다 보니 종이가 모자란다며 두장을 채운 일도 있었다.

성공한 3%의 사람들은 종이에 기록한 목표가 있다고 한다. 이것이 그들이 다른 사람과 뚜렷하게 구별되는 점이라고 한다. 아이들은 스스로 결정권이 없기에, 부모가 시키는 대로 이 학원 저 학원 다니다 보면 하루하루가 간다. 부모들에 의해 길들여진 아이들은 자신의 꿈을 생각할 기회도 없다. 꿈이 없으니 사춘기가 되면 방황이 시작된다.

꿈을 적는 것이 아이들에게 얼마나 큰 도움이 되겠냐고 생각하는 사람들도 있겠지만, 많은 것을 바라는 것이 아니다. 그 시간만이라도 아이들이 여태까지 생각하지 못했던 자신의 꿈에 대해 생각하고 기록함으로써 한 번쯤 자신의 미래에 대한 청사진을 그려보게 하고 싶기 때문이다. 또한 '꿈리스트'를 채워가면서 정말 내가 하고 싶고 되고 싶은 모습이 어떤 것인지 발견해나갈 수도 있기 때문이다.

우리 학원 벽면 한 쪽에는 아이들의 '꿈리스트'가 차지하고 있다. 아

나의 꿈 🌈

이름 : Caterina (김보민)

☑ 진행중 ☒ 완료

작성일 : 2017 년 2월 24일

🔍 하고 싶은 일

☐ 구찌니 언니 만나기 (만나서 도와주기) *이룸되러와*
☐ 러시아 산타마을에 편지보내기 (영어로~ 쓰면 더좋음)
☐ 소금사막가서 멋기 사진 찍기 (3장이상)
☐ 말타고 달리기 (구쁘뜨)
☐ 사해가서 물에서책 읽어보기 - *물읽어 둥둥~*
☐ 강오기까지 샌드위치 먹기 (행시요)
☐ 스키장가서 2km 코스 타기
☐ 가족끼리 동남아로 온천여행가기
☐ 중국 경국 분장해보기
☐ 일본 가부끼 화장하고 인증샷 찍기
☐ 오로라 보기 - *아이슬란드*
☐ 멋기샷 찍기~

📷 가보고 싶은 곳

☐ 소금 사막 (꽃)
☐ 라오스 (방비엥) - *선교를 튜비다고X 샌우기타*
☐ 터키 (케밥) - 닭고기 (케밥)
☐ 독일 (베를린) - 소세지 먹기, 무언극 어린이 예술관
☐ 덴마크 (치즈먹기) - 쾨펜하겐
☐ 유럽 (자동차 타고 국경넘기), 경계에, 자유롭게 라인 *국경넘기*
☐ 러시아 (시베리아 횡단철도)
☐ 남미 (아르헨티나) - 축구관람
☐ 그린란드 (오로라)
☐ 이탈리아 (콜로세움) - PIZZA 먹기
☐ 스페인 (투우)
☐ 중국 (하얼빈 얼음축제), 곤충구이 먹어보기!, 노점상에서 만두사먹기

🔖 갖고 싶은 것

☐ 미니 버스 (세계일주할) - 노랑색
☐ 미니 비행기 (1인용) - 아시아나 같은 디자인
☐ 스누피 자선활동 피규어 (나멀서)
☐ 나의 별채 (정선) - 율리네 민박같은
☐ 나의 정원 (해남) - 로라상, 젠나, 규, 제비회, 텃밭
☐ 나의 공원 (정읍) - 비밀의화원, 백설공주, 분3, 크고 작은
☐ 박물관 (인천 역사 박물관) - 홍대 근처
☐ 학교 (거제도) - 율립중 같은 학교

👤 되고 싶은 모습 *아프리카 케냐*

☐ 친절한 사람 (누구에게나)
☐ 안전한 사람 (♥)
☐ 행복한 사람 (언제나, 어디서나)
☐ 요리하는 사람 (맛있게 ♥)
☐ 아이들의 별을 고쳐주는 사람 (의사, 김닥터)
☐ 그냥 열 집 여덟 마흔은 친한 사람 (친구 같은)
☐ 아이들의 꿈들어에 믿음 누리는 어린이로 사람
☐ 나의 삶으로 춤기는 사람 (여행 등에서)

💛 나누어 주고 싶은 것

☐ 나의 사랑 (모두에게)
☐ 나의 거북 (알고있는 모든 것)
☐ 나의 재능 (요리, 만들기 등)
☐ 나의 책들 (내가 읽은 책...)
☐ 나의 경험 (여러가지) 🍀🍀🍀
☐ 나의 느낌 (공감 BY Talking Club)
☐ 나의 도움 (모두, 나의 도움이 필요한)

초등 5학년 김보민, 꿈리스트

나의 꿈 🌈

이름: Fred (유도윤)

☑ 진행중 ☒ 완료

작성일: 2017년 8월 31일

🔍 하고 싶은 일

- ☑ 줄넘기 마스터 자격증 따기
- ☑ 태권도 3품 따기
- ☒ 전교남부 회장 되기
- ☑ 전교 회장 되기
- ☒ 부모님 일손 돕기
- ☑ 줄넘기 대회 1등하기
- ☑ 과학 탐구 대회 1등하기
- ☑ 화운 슈퍼스타 참여하기
- ☑ 바이올린 배우기
- ☒ 기계 과학 배우기
- ☑ 영어영심이 해 시험잘봄
- ☑ 줄넘기 트러피 따기

📷 가 보고 싶은 곳

- 과학 박물관
- ☐ 코인돌 박물관
- ☐ 비무장지대 가보기
- ☐ 독도 가보기
- ☐ 제주도 가보기
- ☐ 서울 청와대 가보기
- ☐ 일본의 초밥집
- ☐ 지리산 가보기
- ☐ 일본 여행하기
- ☐ 노르웨이 베르겐
- ☐ 북한 평양 가보기
- ☐ 중국 베이징 가보기

👕 갖고 싶은 것

- ☐ 자신감
- ☐ 필기도구 (좋은연필, 지우개)
- ☐ 자전거
- 기계과학상장
- ☐ 바이올린
- ☐ 책 만 화책 5권
- 기억력
- ☑ 나노블럭 (5개)

😊 되고 싶은 모습

- ☒ 남을 잘 도와주는 사람
- ☑ 배려 가 넘치는 사람
- ☒ 친절한 사람
- ☑ 최선을 다하는 사람
- ☑ 노력하는 사람
- ☑ 남을 존중하는 사람
- 아이들을 잘 돌보는 아빠
- 행복을 줄수있는 사람

❤ 남에게 주고 싶은 것

- ☑ 자신감
- ☑ 행복
- ☑ 배려
- ☑ 존중
- ☑ 희망
- ☑ 노력
- ☑ 끈기

초등 5학년 유도윤, 꿈리스트

이들은 오가며 가끔 그 앞에 서서 다른 사람들의 꿈은 뭔지 관심 있게 본다. 결제하러 들르시는 학부모들도 마찬가지다. 사춘기가 되어 대화의 벽이 생기고 아이와 소통이 되지 않을 때, 이 '꿈리스트'를 통해 이 아이가 무슨 생각을 하고 있는지를 간접적으로나마 알 수 있게 된다.

쓰기만 하고 피드백을 하지 않는다면 아무 소용이 없다. 자주는 할 수 없지만 6개월에 한 번 정도는 전체적으로 수업시간에 피드백하는 시간을 갖는다. 각 꿈 리스트 앞에는 네모 박스가 있고, 진행되고 있는 꿈은 사선으로, 완료된 꿈은 X로 표기하도록 한다. 피드백하면서 많은 것이 진행되고 있는 것과 완료된 걸 확인하면서 다시 한 번 꿈을 향해 나가야겠다는 생각을 다지게 한다. 이미 많은 것이 진행 중이거나 완료한 아이들에게는 "이렇게 많은 것들을 시작했어? 정말 멋지다!"라고 칭찬을 해주고, 아직 진행이 미미한 아이들에게는 '꿈리스트'를 다시 한 번 같이 점검하며 시작할 수 있는 것은 해보도록 격려한다.

요즘은 하도 무시무시한 사건사고가 많이 일어나 뉴스를 보는 것이 두렵다. 더구나 가해자가 연령이 낮아져 청소년 범죄가 많아지고 있다. 그런 뉴스를 대하면서 '저 아이에게 멘토가 있어서, 답답하거나 힘이 들 때 상담을 할 수 있었더라면 과연 저런 지경까지 이르렀을까.' 아쉽고 안타까운 생각이 든다.

나는 등원하는 중학생의 표정을 매일 살핀다. 아이가 얼굴이 좋지 않거나 표정이 어두우면 그날은 수업을 하지 않는다. 나는 아이들의 스승이기보다는 멘토가 되고 싶다. 그래서 아이들의 마음을 시원하게 해주는 원장이 되어주고 싶다.

고등학생이 되면 학원을 졸업시키는데 그런 아이들이 고등학생이 되고 대학생이 되어 나를 찾아온다. 형언할 수 없는 감격이고 즐거움이며, 교육하는 보람이 가장 크게 느껴지는 때이다. 세월이 더 지나 그 아이가 자신의 아이를 학원에 데려오는 그날을 만나고 싶다. 그때는 얼마나 감격스러울까? 상상만 해도 흐뭇해지고 가슴이 벅차오른다.

금요일은
'캔디 데이'

어떤 이벤트를 시작할 때는 원생이 한 명일 때나, 수백 명이 될 때나 변함없이 쭉 실시할 수 있을지를 고민한다.

개원 초기에는 인원이 적어서 시행했던 일을, 원생이 많아지면 비용을 감당하기가 어려워 그만두는 원장들을 보았는데, 그건 옳지 않다. 아이들의 육아나 학원방침도 일관성이 생명이다. 비용을 떠나 꾸준히 변함없이 지속할 수 없는 것은 시작하지 않는 것이 좋다.

'캔디 데이' 이벤트는 개원 전 작은 공부방을 운영할 때부터 실시해온 것이다. 아이들이 학교수업을 마치고 대부분 학원으로 가서 또 공부를 하는데, 나름 힘든 아이들에게 조금이나마 마음의 위로를 줄게 없을까 고민하다가 결정한 이벤트이다.

여러 가지를 생각해보았지만 아이들에게는 먹는 즐거움이 가장 컸다. 그럼 어떤 먹거리가 좋을까? 컵라면, 과자 등 많은 생각들을 해보았다. 컵라면은 아이들이 많아졌을 때 한꺼번에 뜨거운 물을 감당해내기가 힘들 것 같았다. 정수기는 어느 정도 물을 빼면 뜨거운 물이 나오지 않아 일정시간을 기다려야 하고, 뜨거운 물을 다루기에 안전사고의 위험도 있었다. 과자도 아이들이 적을 때는 상관없지만, 많아지면 매주 구입해야 하는 번거로움도 있었고, 부피가 커서 보관의 어려움도 있을 듯했다. 이런 저런 궁리 끝에 생각해낸 것이 막대사탕이다.

시중에는 많은 종류의 사탕이 있다. 알록달록 다양한 색상을 뽐내는 사탕이지만 엄청난 색소가 들어있다. 내 아이에게 먹일 수 없는 거라면, 원생들도 먹이지 말자는 것이 내 고집이다. 아무리 예뻐도 색소가 과다하게 든 사탕은 사지 않고 나름 브랜드 있는 검증된 사탕을 구입한다. 요일은 아무래도 한 주 공부가 마감되는 금요일이 좋을 듯했다. 주 5회 수업이라 금요일은 아이들도 마음이 홀가분해지는 요일이라 아이들도 좋아했다.

수업을 마치면 사탕을 주면서 "1주일 동안 공부하느라 수고했다"고 칭찬과 위로의 말을 건넸다. 아무것도 아닌 것 같지만 사탕 한 개가 가져다주는 효과는 의외로 좋았다. 금요일에 사탕을 받는 '캔디 데이'라고 결석을 하면 안 된다는 아이도 생겨났다.

학원에서는 5년이 지나서부터 '캔디 데이'를 실시했다. 이번에는 기존에 했던 행사에 한 가지를 더 추가했다. 수업이 끝나면 강사들이 아이들에게 사탕을 나눠주고, 아이들의 단체사진을 찍어서 학원밴드에 업로드를 시키도록 했다.

어머니들이 아이들에 대해서 가장 궁금해 하는 것이 우리 아이가 과연 학원에서 제대로 수업은 하고 있는 지이다. 그래서 아이들 사진을 매주 금요일에 올린다면 아이들 사진 구경하는 재미도 있고, 다른 구성원들도 볼 수 있어서 안심이 될 것이라는 생각이 들었다.

가끔 강사들이 사진 찍는 것을 깜빡해서 업로드를 시키지 못하는 경우도 있었는데, 밴드에서 댓글도 달지 않고 조용히 보기만 하셨던 어머니가 나에게 개인적으로 문자를 해오셨다. 다른 반 사진은 다 올라오는데 우리 아이 반 사진이 안 올라와서 서운하다고 말이다. 그 문자를 강사에게 전달하면서 학부모들이 관심이 없는 것 같지만 사실은 매주 금요일을 기대하고 보고 계시니 다음부터는 잊지 말고 사진을 업로드 할 것을 당부했다.

막대사탕의 가격은 250개 정도가 2만원 안팎이다. 가격은 무척 저렴하지만 아이들은 금요일은 '캔디 데이'라고 부르며, 이날을 기다린다. 혹여나 강사가 깜빡하고 사탕을 주지 않으면 "선생님 오늘 '캔디 데이'에요. 사탕주세요!"라고 말한다. 받아든 사탕을 즐겁게 먹고, 기다리고 있는 학부모의 차에 오른다.

학부모도 아이의 즐거워하는 모습을 보고 흐뭇해하신다. "아이들은 아이들인가 봐요. 저 사탕 하나로 저렇게 행복해하는 걸 보면…" 저 사탕 한 개의 가격은 얼마 되지 않지만, 아이들이 위로를 받고 조금이라도 행복감을 느낀다면 그보다 더 큰 기쁨이 어디 있을까.

잘 나가는 회사가 무너지는 이유는 뭘까? 비전과 전략에 문제가 있어서일까? 아니다. 사실 개인의 지능과 능력은 큰 차이가 나지 않는다. 그렇다면 결국은 미묘하고 작은 차이에서 일의 성공과 실패가 나뉜다. 내가 좋아하는《디테일의 힘》이라는 책이 있다. 큰일보다 남이 생각하지 않은 작은 일에 집중하고 방법을 모색하여 성공을 이루어낸 사람들의 에피소드를 기록한 책이다.

많은 에피소드 중에 지금은 대만의 최고 갑부가 된 왕융칭 포모사 회장의 이야기가 인상적이었다.

그가 쌀가게를 운영하게 되면서, 어떻게 하면 기존의 쌀가게와 다름을 추구할까 모색했다. 후발주자였기 때문에 무언가 다른 전략이 없다면 고전을 면치 못했을 것이 뻔했다. 당시 대만에서 판매되는 쌀에는 돌이 많아서 밥을 지을 때 늘 돌을 골라내는 번거로움이 있었는데, 아무도 그것을 개선하려고 하는 노력은 하지 않았다.

왕융칭은 이 사실에 주목했다. 그리고 사람을 고용하여 판매할 쌀의 돌을 모두 골라내게 했다. 또 고객들이 쌀을 사간 날짜를 메모해두었다가 쌀이 떨어질 즈음 고객에게 미리 새로운 쌀을 배달을 했다. 배달을 나가서도 남아있는 쌀을 모두 퍼내고 쌀독을 한번 청소한 후 새로운 쌀을 붓고, 그 위에 오래된 쌀을 붓는 디테일도 잊지 않았다. 이런 작은 디테일들이 그를 대만 최고의 갑부로 만들어주었다.

기업들은 너나 할 것 없이 '고객감동'이라는 말을 많이 사용한다. 나는 '고객감동'이 그리 어려운 건 아니라고 생각한다. 거창한 것도 아니다. 아이들에게 사탕 하나를 건네는 이 작은 이벤트도 고객 감동의 하나라고 생각한다. 아이들이 이로 인해 학원에 오는 재미를 느끼고, 고단한 학습을 지속하는 원동력이 될 수 있다면 그걸로 성공한 거라 생각한다.

산발해 있는 학원들 사이에서 살아남기 위해서는 반드시 그 학원만의 독특한 전략이 있어야 한다. 새로운 것을 생각해내기가 힘들다면, 다른 학원에서 시행하고 있는 멋진 아이디어를 도입해 일단은 실행해보는 것도 좋은 방법이다. 하다보면 요령이 생긴다. 더 좋은 아이디어가 쏟아진다. 처음에는 다른 학원에서 하는 방법을 도입하여 시작했더라도, 하다보면 우리 학원만의 더 좋은 이벤트로 자리매김 할 것이다.

학부모, 아이들과 함께하는 독서모임
베이직나비, 짱짱나비

많은 사람들이 독서가 얼마나 중요한지는 알고 있다. 책을 읽는 아이들을 보면 부럽다는 말을 서슴지 않는다. 그런데 요즘 아이들의 현실은 어떤가? 아이들은 좀처럼 책을 읽지 않는다. 스마트폰에 중독된 아이들이 많다.

부모들도 아이들에게 스마트폰이 좋지 않은 영향을 미친다는 것은 많이 알고 있지만, 서로 소통해야 하고 스마트폰이 없는 아이들은 친구들 사이에서도 왕따를 당하기 때문에 어쩔 수 없이 사줘야 한다는 이야기를 한다. 하지만 아이들 스스로 스마트폰 사용시간을 통제하기는 정말이지 힘들다. 어른인 나도 내 스스로를 통제하기 어려울 때가 많다. 쏟아지는 SNS 정보망에서 다른 사람의 피드를 기웃거리다 보면 한

두 시간은 금방이다. 독서할 시간을 당연히 뺏기고 만다. 스마트폰을 멀리해야 한다. 그래야 책 읽을 시간이 생겨나지 않겠는가.

나는 1년에 50여 권의 책을 읽어왔다. 앞에서도 언급했듯이 경영자 마인드가 전혀 없는 내가 학원을 운영하기 위해 급히 찾은 해결책이 성공한 사람들의 책을 읽는 거였다. 그래서 많은 자기계발서를 읽었다. 하지만 책을 덮는 순간 책의 내용이 생각나지 않았다. 당연히 행동의 변화도 일어나지 않았다. 하지만 3P에서 바인더와 독서교육을 받은 후로 나의 독서 방법은 달라졌다.

책을 읽으면서 좋은 내용은 밑줄을 긋고 책 상단에 적기도 하고, 좋은 아이디어나 떠오르는 생각은 메모를 했다. 아이디어에서 그치지 않고 적용할 점을 찾아서 실행 가능한 작은 행동으로 바꿔 실천해보았다. 이렇게 책을 읽기 시작하니 책 내용도 기억이 나고, 나의 행동에도, 생각에도 변화가 일어나기 시작했다. 독서를 통해 다이어트에도 성공했다. 지금은 1년에 150권 이상의 책을 읽는다. 독서가 나의 생각과 외모까지 확실하게 변화시켜주었기에 독서를 멈출 수가 없다.

워렌 버핏과 점심 한 끼를 하고 3시간 남짓을 그와 보내는 비용이 40억이라고 한다. 그럼에도 벌써 앞으로 몇 년 동안의 스케줄이 모두 찼다고 한다. 나는 세계에 퍼져있는 성공한 경영자들을 직접 만날 경제적 여유도, 그럴 기회도 잡기 어렵다. 하지만 책을 통해 말도 안 되게 저렴한 값으로 그들이 가진 성공의 비결, 그들의 앞서가는 생각의 엑기스를 마음껏 취할 수 있다. 이것이 책의 가장 큰 장점이자 매력이다.

좋은 것은 반드시 공유를 하는 나의 성격상 이 좋은 시스템인 바인더와 독서법을 학원 아이들에게도 전해주고 싶었다. 아이들이 사춘기 때 방황을 심하게 하는 것을 오랫동안 지켜봤던 터라, 초등학교 때 독서하는 습관을 몸에 익게 해준다면 그래도 수월하게 사춘기를 넘기지 않을까 하는 생각이 들었다.

모든 아이들에게 시행을 해보는 것은 무리가 있어서 일단 시범적으로 시행할 아이들을 선발했다. 시작 시점은 그래도 시간이 다소 여유로운 방학으로 생각을 했고, 6학년, 4학년이었던 아이를 대상에 올렸다. 나름 같이 해보고 싶어 선발한 아이들이었기에, 학부모들에게 1 : 1로 전화를 걸어 독서모임의 취지를 설명하고 함께 해줄 것을 요청했다.

대부분의 학부모님들은 "원장님은 아이들에게 좋은 것을 늘 주고 싶어 하시니 당연히 아이에게 도움이 되겠죠. 신청할게요." 하며 협조를 해주셨다. 모임 방법은 일주일에 한 번씩 독서모임을 하면서, 바인더를 체크해주는 식으로 운영을 하기로 했다. 무료로 할까하는 생각도 있었지만, 아무리 가치 있는 것도 무료로 제공을 받다보면 그 가치를 제대로 알지도 못하고, 열정을 가지고 하지 않는 것을 많이 봐왔기에 유료로 진행하기로 했다.

그렇게 해서 2016년 7월 여름방학 때 토킹클럽 독서포럼 '짱짱나비'가 시작되었다. 나비는 '나로부터 비롯되는 변화'라는 뜻으로 '나로부터 시작되어 주변에 선한 영향력을 끼치자'라는 의미가 있다. 아이들이 독서와 바인더를 통해서 최고인 '짱'이 되라는 걸 강조하기 위해 '짱짱나비'라고 이름을 붙였다.

1주일에 한 번 모임을 진행할 예정이었으나, 아이들이 바인더 사용법을 몰랐기 때문에 1주일은 매일 30분씩 바인더 사용법에 대한 강의를 들으며 실습하는 시간을 가졌다. 그리고 매주 금요일에는 미리 선정한 책으로 독서모임을 진행했다. 바인더는 여기저기 흩어져있는 나의 시간을 기록하고 미리 계획을 세워봄으로써 낭비되는 시간을 먼저 파악하고, 묶음시간을 만들어 효율적으로 사용하여 하루 주어진 24시간을 제대로 관리할 수 있는 장점이 있다.

소크라테스는 '너 자신을 알라'고 했다. 그럼 나의 시간을 잘 관리하기 위해서는 먼저 무엇을 해야 할까? 세계적인 경영학의 구루, 경영학의 아버지 피터 드러커는 '너의 시간을 기록하라'고 했다. 내가 하루를 어떻게 보내고 있는지 눈에 보이는 형식지로 기록해보지 않으면 내가 시간을 어떻게 보내고 있는지 알아낼 방법이 없다.

아이들이 하루를 미리 계획하고, 내가 계획대로 잘 지켜냈는지 피드백 하는 작업을 거쳐 자신의 하루를 반성하고, 마침내 시간을 관리할 능력을 가지게 된다면 정말 멋진 일이 아닐까? 여기에 지식을 넓혀주는 최고의 방법인 독서를 병행하면서, 그저 책을 읽기만 하는 것이 아니라 한 권의 책을 읽고 이 책이 내게 주는 메시지를 잡아, 행동으로 옮겨본다면 이 아이의 미래와 성공은 당연히 보장될 수밖에 없다.

처음에는 바인더라는 낯선 도구를 앞에 두고 조심조심 사용법을 익히던 아이들이 의외로 좋은 피드백을 주었다. 계획을 세워보고, 하루의 시간을 주업무(자기주도학습), 보조업무(학원, 학습지), 자기계발, 인맥관리로 나뉘어 색깔까지 입히는 작업을 해보니 너무 재미있어했다. 여학생들은 스티커까지 예쁘게 붙여서 하루하루의 기록을 완성해 나갔다.

아이들은 성인에 비해 확실히 지속력이 강하다. 생활영어 성인반을 운영해보면서 느꼈다. 성인은 처음에는 아주 의욕적으로 뛰어들지만, 시간이 지날수록 여러 바쁜 생활을 핑계로 결석을 자주하게 되고 그러다 보면 몇 달 지나지 않아 포기를 하게 된다. 하지만 아이들은 아직까지는 부모가 요구하는 대로 따르는 입장이다 보니 아무래도 지속할 수 있는 힘을 더 가지고 있다.

처음에는 방학 때만 프로젝트 식으로 운영을 해보고 반응을 보자 생각했다. 선발된 학생 중 방학이 지나자 시간이 도저히 나지 않는다며 그만둔 학생도 있었고, 또 중도 탈락한 학생도 있었다. 물론 중간에 새로 들어온 멤버도 있었다. 그렇게 한 달 한 달 지속한 독서모임 '짱짱나비'는 아직까지 운영되고 있다.

이 아이들을 보면서 참 대단하다는 생각이 든다. 이제는 중1이 된 김현서, 이장범, 하상욱, 5학년인 김보민 이렇게 멤버는 비록 4명이지만, 바쁜 학교 생활 가운데 선정도서를 1주일에 한 권씩 꼬박꼬박 읽어 오는 아이들이 대견하다.

바인더에 예쁜 컬러로 체크까지 하고, 그 시간에 들었던 생각을 적어보는 '미닝 meaning'작업까지 해온다. 더더욱 감사한 것은 이 아이들이 이 모임을 너무 사랑한다는 것이다. 하루는 한 아이의 어머니가 전화를 하셨다.

"원장님, 제가 사교육비가 너무 많이 들어서 농담으로 독서모임 그만해야겠다 했더니 우리 애가 자기는 그만둘 수 없으니 엄마가 돈을 더 벌라고 하더라구요. 대체 원장님 애들한테 무슨 마법을 부리신거예요? 절대 그 모임은 그만둘 수 없대요."

우리 학원에서 가장 먼저 바인더를 쓰기 시작한 보민이는 워낙 어렸을 때부터 독서하는 습관이 몸에 배어있는 아이라서, 4학년이긴 하지만 6학년이었던 언니 오빠들과 같은 책을 읽고 나누는데 전혀 무리가 없었다. 오히려 이 아이의 바인더를 보고 선배들이 감탄을 하고, 독서모임 때는 보민이가 나누는 깨달음에 탄성을 내지른다. 보민이는 2016년 3P자기경영연구소에서 개최하는 제2회 자기경영대상에서 초등 리더상을 수상하기도 했다.

초등학교 때 바인더와 독서를 시작해서 이제 1년이 된 이 아이들. 이 아이들이 중학교, 고등학교, 대학교를 거쳐 성인이 되기까지 이 훌륭한 시스템을 계속해 나간다면 얼마나 무섭게 성장할까? 상상해본다. 또

래 아이들보다 훨씬 탁월한 인재가 되리라는 것은 의심할 여지가 없다.

나는 또 다른 독서모임을 운영하고 있다. 학부모 독서모임과 교사 독서모임이다. 학생들은 1주일, 교사와 학부모는 2주일에 한 번 모임을 한다. 학부모들도 많은 수가 참석하지는 않지만 독서모임을 통해 그들의 삶이 바뀌기 시작했다.

늘 비염에 시달리던 조현주님이 건강도서를 읽고, 하루에 한 잔도 마시지 않던 물을 커피 대신 마셔보겠다는 적용을 하고 행동으로 옮겼다. 그 결과 피부며 건강이 본인이 느낄 정도로 많이 좋아졌다. 주부인 전해령님은 꾸준한 독서를 통해 지금은 바리스타가 되고 싶다는 그녀의 꿈이 생겼다. 그녀는 바리스타 자격증도 따고 제과제빵 자격증에도 도전하는 등 꿈을 향해 한 발 한 발 다가서고 있다. 사업을 하고 있는 장보람님은 평소에 책 읽기를 좋아하지만 형편상 독서모임을 쉽게 접할 수 없었는데 정기적인 모임에 참석해서 좋은 깨달음을 많이 나눠주고 있다. 조현주님의 권유로 나중에 합류한 유영인님은 독서하는 습관이 잘 배지 않아 고생하셨지만, 지금은 매번 모임에 적극적으로 참석하셔서 변화에 동참하고 계신다.

1년 전 학부모 독서모임의 씨앗을 뿌렸고, 5~6명의 멤버가 참 든든하게 독서모임을 지켜왔는데, 올해 그 나무에서 풍성한 열매가 맺혀졌다. 독서모임 멤버가 2배가 된 것이다. 예전에는 한 테이블에서 독서모임이 진행되었지만, 지금은 테이블리더를 세워 두 테이블로 나누어 진행을 하고 있다. 너무 뿌듯한 일이다.

보통 학부모들은 독서모임에 대해 많은 부담을 느낀다. 책이 잘 읽히지도 않고, 혹시 다른 사람과 비교되지 않을까 하는 두려움에 쉽게 참석을 못하신다. 그런 면에서 이렇게 용기를 가지고 시작한 자체가 참 대단하다. 이 어머니들은 모두 바인더 교육까지 받으셨고, 바인더 사용이 주춤해지기도 하지만 꾸준히 쓰고 계신다.

어떤 때는 아이들이 학원에 와서 내가 읽고 있는 책을 보고 "어? 이거 우리 엄마도 읽고 있는데." 하며 다른 친구들 앞에서 으쓱하기도 한다. 가장 좋은 교육은 '해라' 말하는 것이 아닌 부모가 직접 보여주는 것이다. 부모는 책을 읽지 않고 매번 TV 드라마만 보면서 아이가 독서광이 되기를 바라는 것은 말도 안 되는 욕심이다.

아이에게 바인더 쓰는 모습, 독서하는 모습을 직접 보여주는 이 어머니들은 모범적인 교육을 실천 중인 정말 훌륭하신 부모들이다. 어머니들은 나를 원장님이자 자신을 독서를 통해 삶을 바꿔준 멘토라고 생각하신다. 한 어머니가 독서모임 나눔 중 "원장님은 제 멘토에요"라고 해서 순간 울컥했다. 이 세상에 태어나서 한 사람에게라도 선한 영향력을 미칠 수 있다는 것은 계속 생각해봐도 최고로 가슴 설레고 행복한 일이다.

매번 꿈을 꾸고 이루고 또 새로운 꿈을 꾸는 원장. 함께 꿈을 꾸고 이루어나가는 학생과 학부모. 서로에게 선한 영향력을 미치고, 이 영향을 또 세상에 끼치는 그런 우리가 되었으면 좋겠다. 학원이 지식만 전달하는 시대는 지났다. 지식뿐 아니라 유익한 것을 공유하고 전달해야 한다. 나만 아는 정보, 지식은 힘이 없다. 좋은 지식은 서로 공유하고 퍼질 때 더 큰 힘을 발휘한다.

이제 어떻게 하면 고객들에게 더 좋은 것을 전달할 수 있을까 고민하는 학원장이 되어야 한다. 처음에는 몰라줄 수도 있지만 시간이 지나면 고객은 당신의 진심을 반드시 알게 된다. 이는 더 확고한 신뢰감으로 자리매김 되어 결국은 당신이 무슨 일을 해도, 설사 팥으로 메주를 쑨다고 해도, 무한대로 믿어주는 당신의 충실한 고객으로 든든히 남을 것이다.

학부모들에게 좋은 정보를
주기적으로 제공하라
교육콘서트

10년이라는 세월 동안 학원을 운영하면서 보니, 화순이라는 지역은 광주와 가장 가까운 인접 지역이라 학부모들의 열심이나 열망은 광주 못지않게 뜨겁다. 하지만 새로운 정보를 접하거나 최신의 교육 트렌드를 받아들이기는 조금 느린 면이 있다. 화순 엄마들 중에는 버스를 2번이나 갈아 태우면서까지 아이들을 광주의 유명학원을 보내는 열성파도 있다.

서울이야 저렴하면서 도움이 되는 강의가 넘쳐나지만, 여기는 겨우 광주에나 나가야 그나마 몇 개 되는 강의를 접할 수가 있다. 그것도 선착순으로 마감이 되고, 지역 특성상 거기까지 강의를 들으러 나가려면 큰 맘을 먹고 스케줄을 조정하고, 시간을 일부러 내어서 가야하는데 그게 쉬운 일이 아니다.

어머니들은 두 부류로 나누어진다. 첫째는 매일매일 육아에 바쁜 주부, 둘째는 맞벌이를 하는 어머니이다. 흔히들 생각하기에 주부는 더 시간이 많을 것 같지만 내가 생각하기에 주부는 사실 시간이 더 부족하다. 매일 아이들 픽업도 해야 하고, 간식거리도 챙겨야 하고, 식사도 준비하다 보면 금세 하루가 간다. 그래서 주부인 어머니들은 육아에 지친 고민거리를 이야기할 상대가 필요했다. 이런 어머니들이 한 달에 한 번 학원에 결제를 하러 오시면 자연스레 대화의 물꼬가 트인다. 이런저런 살아가는 이야기, 아이들의 고민거리를 나누다보면 한두 시간을 훌쩍 넘기기 일쑤다.

집에서 보는 아이들의 모습과 밖에서의 아이들의 모습은 많이 다르다. 엄마들과 아이에 대해 이런저런 이야기를 나누다보면, 내가 모르는 아이의 모습도 듣게 되고 엄마들 역시 엄마들이 모르는 아이의 모습을 듣게 된다. 특히 사춘기에 접어드는 초등 6학년부터 중학 2학년 자녀를 둔 어머니들은 고민이 가장 많다.

그분들은 사춘기 자녀들을 이해하려는 생각은 마음 한켠에 있지만, 막상 아이들을 대하면 생각과는 다르게 감정이 북받쳐 큰 말다툼으로 이어지는 경우가 많다고 하소연 하신다. 이런 어머니들에게 그간 읽었던 책들 중에 《청소년을 위한 감정코칭》과 《유대인 엄마의 힘》에 나오는 내용을 들려드린다. 청소년기에는 뇌의 사령관이라 불리는 전두엽이 한참 리모델링 단계라 아이들의 감정기복이 심하고, 아이들 자신도 이성과 다르게 행동이 되는 어쩔 수 없는 상황이라는 것과 전두엽이 완전히 성숙되기까지는 여자는 늦으면 24세, 남자는 27세가 되어야 한다는 정보도 전해드린다.

그렇기 때문에 그때의 아이들은 금방 깔깔대고 웃다가도 금방 닭똥 같은 눈물을 뚝뚝 떨어뜨리는 이해할 수 없는 상황을 만드는 거라고 하면 "아~ 그래요. 그래서 그렇구나." 하고 깊은 공감을 표하신다. 어머니의 고민거리를 잘 들어드리는 것만으로도 많이 위로를 받으시는지, 아이에 대해 고민이 깊어지면 전화를 해서 상담을 하고 싶다고 하신다.

이런 상담을 여러 번 하다가 '아!~ 어머니들이 사춘기 아이들을 이해하고, 이런 지식을 아셨다면 아이들을 조금이나마 이해하기 쉬웠을 건데, 이런 지식을 받아들일 기회가 정말 없긴 하구나. 주부는 주부 나름대로 아이들 뒤치다꺼리에 에너지를 다 쏟고, 직장맘들은 일하고 오면 녹초가 되어서 집안일 하기도 힘든 상황이니, 그렇다면 내가 이런 어머니들에게 어떻게 하면 도움이 될까?' 하는 생각을 했다. 그러다가 한 가지 아이디어를 떠올렸다. 빌 비숍의 《관계우선의 법칙》이라는 책에 '고객에게 가치 있는 것을 무료로 제공하라'는 말이 나온다. 예전에는 기업이 '제품우선의 법칙'에 우선하여 좋은 제품을 고객에게 판매하는 게 최고였다.

하지만 제품우선의 법칙을 적용하는 시기는 지났다. 이제는 많은 기업들이 '관계우선의 법칙'을 채택하고 있다. 이제는 판매하는 물건이 아닌, 고객의 니즈 needs에 귀를 기울여야 하는 시대가 된 것이다.

'나의 고객인 토킹클럽 어머니들을 위해 나는 어떤 가치 있는 것을 무료로 제공해 드릴 수 있을까?' 고민 끝에 생각해낸 것이 바로 교육콘서트이다. 2017년부터 실행된 새로운 프로젝트이다. 흔히들 말하는 학부모 설명회 형식인데, 사실 설명회는 그 학원의 홍보와 자랑이 우선이다. 하지만 나는 학원의 홍보가 아닌 순수하게 학부모들에게 '필요한 정보 전달'을 목적으로 했기에 설명회가 아닌 '교육콘서트'라 명명했다. 매달 하기는 너무 버거울 것 같고 해서 일단 격월로 진행하기로 했다.

2017년 2월 7일 오전 10시 30분 학원에서 제1회 교육콘서트를 가졌다. 주제는 '유대인의 힘 하브루타'였다. 하브루타는 유대인의 고유한 학습방법으로 서로 짝을 지어 설명하는 방식이다. 이 하브루타를 하다 보면 우리 뇌는 정확히 알고 있는 지식과 알고 있다고 착각하는 지식을 구별해낸다. 이를 메타인지라고 하는데, 하브루타를 하다보면 이 메타인지가 높아질 수밖에 없다.

그런데 이 하브루타는 우리 생활 가운데 이미 실행되고 있다. 주부들이 사랑하는 드라마, 드라마를 보지 못하면 내용을 물어보게 되고, 그럼 보았던 사람은 그 내용을 상대방에게 아주 디테일하게 설명해준다. 만일 그 드라마 내용을 정확하게 기억해내지 못한다면 그 드라마 내용을 절대로 설명해 낼 수 없다. 이것이 쉽게 우리 일상에서 볼 수 있는 하브루타의 모습이다.

유대인은 겨우 세계 인구의 0.25%밖에 차지하지 않지만 역대 노벨상 수상자의 1/3을 차지하고 있는 놀라운 현실을 들여다보면 거기에는 바로 토론하는 학습법 하브루타가 있다. 그러니 아이들도 이제는 단순한 암기형식의 공부를 할 게 아니라 자신이 알고 있다고 생각하는 정보를 입으로 설명하는 것이 효과적이다. 이것이 내가 전달하려고 하는 메시지였다.

처음 교육콘서트를 시작하려다 보니 준비해야 할 것이 너무 많았다. 일단 밴드와 문자를 통해 교육콘서트의 취지를 공지글로 올렸다. 핸드아웃지와 메모지는 A5 서브바인더를 사용해서 어머니들 이름까지 모두 인쇄해서 준비했다. 학부모들이 들어올 동선을 고려해서 슬리퍼부터 간식 놓는 곳, 자리 배치, 독서모임 아이들의 성과물과 사진 등을 배치하고 미리 전달 PPT와 빔을 체크하고 세팅해두었다.

강사들은 9시 30분까지 출근하게 하고, 다시 한번 학원을 깔끔하게 정리했다. 학원 안에 음악까지 은은히 울려 퍼지게 했다. 일찍 오시는 학부모들이 지루해 하실까봐 아이들의 사진을 미리 찍어서 계속 돌아갈 수 있게 동영상으로 만들어두었다. 끝나고 돌아가실 때 챙겨갈 수 있게 예쁜 색깔의 파프리카도 답례품으로 챙겨두었다. 학부모들에게는 미리 또 전화를 해서 꼭 참석해주셨으면 하는 것도 잊지 않았다. 미리 철저히 나름 준비를 했지만 미미한 점도 있어서 행사 후에는 피드백 하는 시간도 가졌다.

　1회 교육콘서트 소감문을 보니 좋은 정보를 주어서 감사하다는 내용이 많았다. 토킹클럽은 화순 최고의 서비스를 제공해야 한다는 초심처럼, 아이들의 실력도 최고, 학부모들의 정보력도 최고로 만들어드리고 싶다. 이제는 정말 정보의 힘이 요구되는 시대이다. 그저 집에서 살림만 하는 주부가 아니라, 주부이긴 하지만 사회의 빠른 변화 속에서 유용한 정보를 제공해드리고 그 정보를 어머니는 다른 지인에게도 전달하는 통로로 만들어드리고 싶다.

　'토킹클럽은 역시 다르다'라는 말을 듣고 싶다. 교육도 최고, 아이들과 학부모의 수준도 최고인 멋진 학원이라는 얘기를 들었으면 좋겠다. 첫 회는 학원을 잘 오지 않으시는 부모들과 아이들의 바인더와 독서모임 산출물도 보여드릴 겸 학원에서 진행을 했지만, 2회부터는 카페를 빌려서 진행했다. 참석자는 1회의 절반 정도였는데도 열정적인 어머니들이 참석하셔서 정말 좋은 분위기에서 즐겁게 진행할 수 있었다. 신규 두 분을 제외하고는 모두 1회에 참석하신 어머니들이었다. 끝나고도 자리를 뜨지 않고 한 30분 동안을 이런저런 이야기를 많이 하셨다. 아이들의 그간 바뀐 모습들, 어머니 자신의 이야기, 교육콘서트가 좋은 이유 등 1회 때와는 달리 바로 그 자리에서 피드백을 주셨다. 표정도 많이 밝아지셨다. 시작하기 전에 아이스 브레이킹을 위해 몇 가지 퀴즈를 반드시 내는데, 예상과는 달리 어머니들이 정확한 답을 이야기해주셔서 놀라기도 했다. 맞춘 분들께는 커피상품권이나 초콜릿 등을 선물로 드렸다. 겨우 2회가 진행되었지만, 어머니들이 작성한 소감문은 1회 때와는 많이 달랐다. 1회 때 소감문은 아주 형식적인 반면, 2회에서는 솔직함이 느껴졌다. 이 교육콘서트는 몇 분이 참석하시든지 꾸준히 진행해 나갈 예정이다. 어머니들에게도 단 한 분이 남는다 하더라도 유익한 정보를 제공해드릴 수 있고 원하신다면 반드시 그만두지 않고 꾸준히 할 거라고 말씀드렸다.

이 교육콘서트가 토킹클럽의 고유한 문화로 정착되었으면 한다. 한 번 참석하신 부모들은 또 참석하고 싶은 마음이 들게 편안한 분위기에서, 꼭 필요한 정보를 드리려고 한다. 매회 참석하신 부모에게는 출석 체크 판에 예쁘게 스티커를 붙여드리고, 1년 6회를 모두 참석하신 분들에게는 연말에 멋진 선물도 드릴 예정이다.

12월 크리스마스 즈음에는 플로리스트를 초청해서 플라워콘서트를 기획하고 있다. 육아와 살림에 지친 어머니들이 꽃으로 간단하게 직접 작품을 만들면서, 좋은 이야기도 듣고 질문도 하는 시간이 될 것이다. 한 해를 돌아보며 자신의 삶도 돌아보고 힐링하는 기회가 되지 않을까 싶다. 늘 육아에 지쳐있는 어머니들이, 주부가 아닌 한 여성으로서 단 몇 시간이라도 향기로운 커피와 함께 마음의 여유를 가지고 나를 사랑하는 시간을 가지게 해드리는 것이 교육콘서트의 목표이다.

치열한 강사교육,
가르치는 방법을 통일화시키다

여러 번 언급했지만, 학원을 경영하면서 가장 힘들었던 것은 사람을 다루는 일이었다.

사람들은 참으로 다양하다. 달라도 그렇게 다를 수가 없다. 나 같으면 저 상황에서 저렇게 하지 않겠는데, 아무리 사람이 달라도 저렇게 다를까. 상처도 많았고 포기해야 할 것도 많았다. 특히 강사들을 관리하는 것은 너무 힘들었다. 초기에 우리 학원이 학부모들에게 매우 좋은 평판을 얻었지만, 옥에 티처럼 딱 한 가지 늘 따라다니는 것이 바로 '잦은 강사 교체'였다.

나는 나름대로 강사들에게 잘한다고 했는데도, 초기에는 잦은 교체가 있었던 것이 사실이다. 나의 완벽에 가까운 성격이 그들에게 힘겹게 느껴졌을 수도 있었을 것이고, 그들의 대충 하려는 태도가 나에게 거슬렸을 수도 있었다. 다른 것은 다 나의 의지와 계획대로 어떻게 해 보겠는데 강사 문제는 도대체 내 뜻대로 되지 않았다. 이제 좀 정착해서 잘해보려나 싶으면 그만두겠다고 하니 맥이 빠졌다. 달래도 보고 새로운 대안을 제시해도 그들은 마음을 바꾸지 않았다.

화순군은 광주와 10분 거리인 인접 지역이긴 하지만 행정구역상 전라남도에 편입되어 있어서 광주 거주자들이 꺼려하는 지역이다. 그래서 사람을 구하는 것이 매우 어렵다. 광주에서 학원을 하는 원장님들의 이야기를 들어보면, 지역 신문에 구인광고를 내면 여러 명의 지원자가 몰려서 인터뷰를 통해 골라서 강사채용을 할 수 있다고 했는데 우리 학원은 늘 강사 채용에 어려움을 겪었다.

"또 선생님 바뀌나요?"

"그러게요 어머니. 진짜 이 문제는 제 맘대로 안 되네요. 저도 강사가 안 바뀌면 좋겠는데 제가 어떻게 할 수가 없어서 당황스럽고 힘드네요."

강사가 교체된다고 해서 별로 달라질 것은 없는데, 학부모들에게는 그것이 가장 민감하게 반응하는 문제였다. 왜 그렇게 싫으시냐고 물으면 대답은 한결같았다.

"그 선생님한테 적응이 되었는데, 또 다른 선생님으로 바뀌면 아이가 혼란스러울까 봐서요. 저는 아이가 또 새로이 적응해야하는 것이

싫거든요."

사실 아이가 한 강사에게 적응이 되는 것이 그렇게 좋은 일만은 아니다. 강사들마다 저만의 장·단점을 가지고 있는데 아이가 한 강사에게 적응이 되면 그 아이는 매너리즘에 빠지게 된다. 강사의 약점과 성향을 너무 잘 알기에 너무 편안하게 긴장감이 없이 수업을 하게 되는 것이다. 내 소견으로는 위의 언급한 이유로 주기적으로 강사를 교체해주는 것이 좋은 방법이라고 생각하는데, 학부모들은 나와 다른 생각을 가지고 있으니 어찌하든 학부모가 원하는 대로 그들의 불평불만을 처리해줄 필요는 있기에 방법을 강구했다.

그러다 생각한 것이 가르치는 방법을 통일하는 것이었다. 어떤 교재로 가르치든지, 누가 가르치든지 같은 방법과 같은 시스템을 도입하는 일이었다. 그렇게 하면 강사가 그만두더라도 후임이 같은 시스템을 공유함으로 불만을 잠재울 수 있지 않을까 싶었다. 토킹클럽은 프렌차이즈이라서 시스템화된 티칭 플로우는 제공되었지만, 학원 실정에 맞게 어느 정도 수정될 필요가 있었다.

일단 본사에서 제공되는 레슨 플랜을 기초로 해서 교재 한 과정 한 과정 가르치는 방법을 모두 시스템화하고 매뉴얼로 만들었다. 그 매뉴얼을 보면 주교재는 누구라도 가르치는 방법을 쉽게 익힐 수 있었다. 중요한 것은 문법이었다. 중등문법은 강사들의 차별화된 자신의 티칭 스킬이 드러나는 부분이다. 어떤 강사들은 정말 알고 있는 것은 많으나, 아이들에게 자신이 알고 있는 것을 전달하는 능력이 부족하다. 반대의 경우도 있다. 실력은 그리 좋지 않으나 아이들에게 핵심만을 쏙쏙 전달하는 강사도 있다.

본인이 가지고 있는 기량이 어떠하든지 아이들에게 잘 전달하는 강사가 최고다. 특히 문법은 그렇다. 문법이라고 하는 말 자체만 듣고도 부담을 느끼는 학생들이 많기에 선입견을 깨고 쉽게 문법을 접할 수 있게 도와주는 것이 강사가 할 일이다.

나는 22년간 아이들을 가르쳐왔다. 어떻게 하면 아이들에게 영어를 쉽게 전달할까?, 어떻게 하면 문법을 쉽게 받아들이게 할까? 고민을 많이 했다. 그래서 완성한 것이 문법에 스토리를 주는 것이었다. 예를 들어 현재완료를 설명하는데, 현재완료는 그 자체로만도 아이들에게 거부 반응을 일으킨다. 그냥 외우라고 하면 외우긴 하겠지만 금세 잊어버리기 일쑤다.

그런데 스토리를 주면서 암기를 시키면 절대 잊어버리지 않는다. 가장 좋은 방법은 첫 글자를 따서 스토리를 만들어주는 것이다. 현재완료의 용법을 설명할 때도 "애들아 현재완료의 용법은 4가지가 있어. 경계완결이야. 우리가 현재완료의 경계를 완결시켜버리자. 경험, 계속, 완료, 결과야." 이렇게 설명을 하면 아이들이 쉽고 오래 기억을 한다.

다음부터 "현재완료의 용법 4가지가 뭐였지?"라고 하면 "경계완결이요"라고 쉽게 대답을 한다. 이런 여러 가지 나만의 노하우를 강사들과 공유를 했다. 스토리의 힘을 알려주기 위해 강사들에게 먼저 문법에 대해 질문을 한다. 즉석에서 질문을 하고 대답을 요구하기에 강사들도 머뭇거릴 수밖에 없다. 그러면 나의 이 방법으로 강사들에게 설명을 해주고, 다시 강의를 해보라고 한다. 그들은 문법에 스토리를 주면서 설명을 잘 해낸다. 이런 방법으로 우리 학원에서는 한 달여 동안 강사 교육을 시킨다. 매일 한 명씩 돌아가며 앞에서 강의를 하고, 나머지 강사들은 학생 역할을 하고 피드백 하는 시간을 갖는다.

초등교재라고 쉽지는 않기 때문에 이것도 반드시 가르치는 방법을 통일화 하고 시연을 한다. 일부 경력자들은 자신이 가지고 있는 지식이 있기 때문에 우리 학원에서 요구하는 대로 하지 않고, 대충 시연을 하는 경우도 있었다. 이런 경우 호되게 강사들을 나무랐다.

"물론 자신의 지식에 대해 자부심을 가지는 것은 좋지만, 로마에 가면 로마법을 따르는 것이 맞죠. 어떤 문제점을 해결하기 위해서 대안을 찾아가는 방법으로 이걸 하는 건데 이렇게 준비도 하지 않고 본인이 알고 있는 걸로 아이들을 가르치면 되겠어요?"

이런 강사들은 시연을 중단시키고 다음날 다시 준비해 와서 하라고 한다. 다음날 멋지게 하는 강사도 있고, 또 그대로 오는 강사도 있다. 강사들이 하는 것을 보면 준비를 제대로 한 건지 아닌 건지를 바로 알 수가 있다. 이런 강사들이 있는가 하면 내가 하는 것을 그대로 음성녹음까지 해서 새벽까지 연습하고 완벽하게 준비를 해오는 강사들도 있다.

중요한 것은 그 사람이 얼마나 완벽하게 하느냐가 아니다. 얼마나 최선을 다하느냐이다. 나는 결과보다는 과정을 더 중요하게 생각하는 사람이다. 우리 학원에서 일을 하기로 결정을 하고 근무를 시작했으면, 기존의 학원에서 하던 방식을 싹 버리고, 우리 학원의 색깔과 옷을 입는 것이 맞다고 생각한다. 이 과정을 견디지 못해서 그만둔 강사들도 많다. 사람을 구하는 것이 어렵긴 하지만 그 사람들을 잡지는 않는다.

이러한 과정이 없이는 우리 학원의 진짜 구성원으로 자리 잡기가 힘들다는 것을 안다. 정말 힘겹기는 하지만 이 한 달여 과정을 이겨낸 강사는 1년 정도 앞서가는 실력을 가진다. 자신들이 연습한 대로 가르치고 아이들이 잘 받아들이고 성과가 날 때 그들은 보람을 느낀다. 내가 굳이 말하지 않아도 아이들을 가르쳐보면 그들 스스로 그 효과를 알게 된다.

실제로 다른 학원에서 2년여 정도 가르쳤던 강사가 우리 학원에 왔는데, 말을 들어보면 원장이 전혀 가르치는 것이나 진도에 신경을 쓰지 않고 자신이 다 알아서 했다고 했다. 그래서 그때는 정말 자신이 어떻게 가르치고 있는지 피드백이 없어서 잘하고 있는지 어떤 건지 가늠을 하기가 힘들었다고 했다. 이 과정을 다 마친 후 소감을 물었더니, 자신의 실력이 이 한 달 사이에 지난 2년보다 훨씬 더 늘어난 것을 느낀다고 했다.

지금은 강사들이 경력이 얼마나 되든지 자신의 것을 내려놓고 학원에서 매뉴얼로 만들어놓은 방법대로 학생들을 가르친다. 아니 그렇게 하지 않은 강사는 우리와 함께 할 수 없다. 아무것도 아닌 것 같지만 힘을 느낀 사건이 있었다.

얼마 전 강사 2명이 일시에 교체된 일이 있었는데, 학부모 상담 전화를 하던 중 어머니에게 강사 교체에 대해 질문을 드린 적이 있었다.

"네 원장님. 저도 걱정이 좀 되긴 했었는데요, 아이한테 물어보니깐 전에 가르치던 선생님과 가르치는 방식이 똑같아서 혼란스럽지가 않다고 하더라구요. 그래서 저도 다행이다 싶었어요."

'아~. 바로 이거야!'

가르치는 것을 통일화시키는 것이 이렇게 힘을 발휘하는구나 싶었다. 물론 나의 이 방법이 꼭 옳다는 것은 아니다. 사실은 엄청난 시간과 에너지가 소모되는 일이다. 하지만 나는 잦은 강사 교체의 불만을 이렇게 해결했다.

강사교육을 한 달 정도 하긴 하는데, 시간이 지나면 정기적으로 한 번씩 다시 점검을 한다. 통일화를 시킨다고 해도 시간이 지나면 강사들도 잊어버리는 경우도 있고, 자신만의 방법이 다시 나오기도 하기 때문이다. 예전에는 내가 늘 그들과 함께 티칭방법을 점검했는데, 지금은 한 강사가 주가 되어 진행을 하고 있다. 나는 강사들이 함께 나눈 그 결과물을 최종 점검만 한다. 어떤 조직이든지 중요한 건 시스템이라고 생각한다.

한 조직 내에서 각자의 방식대로 일처리를 한다면 중구난방이 되지 않을까. 물론 내가 가지고 있는 지식이 최고의 지식도 방법도 아니기에 강사들과 함께하는 시간을 통해, 더 좋은 방법은 보완을 하고 공유해서 학생들에게 전달한다. 내가 미처 생각지도 못한 좋은 아이디어가 나와서 놀랄 때가 많다. 출근시간보다 30분 더 일찍 나와서 준비하고 나누는 이 일이 강사들에게도 그저 좋은 시간일리만은 없다. 힘들겠지만 교사회의 시간에 강사들에게 늘 이렇게 이야기한다.

"선생님. 학생들이 없으면 선생님도 저도 일자리를 잃어요. 이렇게 일할 곳이 있다는 것이 참 감사한 일이잖아요. 아이들이 있어야 선생님도 저도 이 자리에 있을 수 있다는 거예요. 그러니 늘 아이들에게 어떻게 좋은 것을 줄까 고민하는 우리가 되었으면 좋겠어요. 힘들겠지만, 늘 기억해주세요. 아이들이 있어야 우리도 있다는 걸."

학원이 어떤 미션과 비전을 가지고 있더라도 결국은 수익을 추구하는 것이 본질이다. 지금 학원이 불경기에 허덕이고 있다면 우리 학원의 시스템은 제대로 가고 있는지, 강사들의 티칭방법은 어떠한지 한 번 정도는 원장이 수업 참관을 통해 확인해볼 필요가 있다. 직접 수업을 참관하는 순간 이제까지 원장이 생각하던 것과는 전혀 다른 수업이 진행되는 것도 눈으로 확인할 수 있을 것이다. 강사들을 편하게 두면 더 오래 근무를 할 것 같지만 —물론 그럴 수도 있다— 꼭 그렇지만은 않다.

본인들이 가르치며 성취감과 보람을 학생들을 통해 느낀다면 원장이 굳이 말하지 않아도 즐거움을 느낀다. 자신들의 성과를 통해 그에 맞는 대우를 받는다면 그들은 그 직장을 당연히 사랑하게 되고 장기 근속으로 이어진다. 강사들이 그만두는 게 두려워서 그들이 하는 방법 그대로 전혀 터치하지 않고 그대로 둘지, 수업의 질을 높여서 그들이 스스로 보람을 느껴 일하게 할지, 어떤 방법이 내 학원과 맞는지는 이 책을 읽는 여러분이 판단할 일이다.

나의 라이벌은 정말
다른 학원장일까?

여러분은 라이벌이라는 단어를 들으면 어떤 생각을 하게 되는가? 흔히 들 라이벌이라 하면 비슷한 일을 하는 다른 사람을 떠올리기가 쉽다.

학원장이라고 하면 라이벌로 다른 학원장을 의식하고 다른 학원과 경쟁을 하려고 한다. 저 학원의 학생 수가 얼마나 되는지, 다른 학원들 은 요새 신규 학생이 몰리는지 아닌지 관심을 가진다.

나도 초반에 화순이라는 지역에 입성할 때는, 다른 학원이 얼마나 많은 원생을 확보하고 있는지, 다른 학원은 어떻게 수업을 하고 있는 지, 그들의 학원에 왜 많은 학생들이 몰리는지, 그 학원은 뭘 잘하고 있 는지에 대해 관심을 가지며 다른 학원을 의식했다.

그래서 모 학원이 거리에 강단을 놓고 학생들과 행인들에게 보여주기 위한 영어스피치를 하는 것을 보며, '나는 저렇게까지는 하지 말아야지.' 하는 생각을 했다. 단지 어떻게 우리 학원생들의 우수한 모습을 보여줄까 고민했다. 할로윈 파티도 해보고, 할로윈 때는 학생 어머니와 미리 상의를 한 다음 원어민을 앞세워, 그 집에 가서 사탕을 받아오는 등 보여주기 위한 행사도 추진했다. 다른 학원이 무슨 행사를 한다고 하면, 나는 그보다 더 나은 행사를 준비해야 했다. 또 그들이 어떤 방법으로 신규 학생을 모집하는지 늘 지켜봐야 했다.

그도 그럴 것이 내가 학원을 오픈할 즈음에는 화순군이라는 좁은 지역에 거의 모든 브랜드가 입성해 있었기에 결국은 신규 회원을 받기보다는 다른 학원의 학생들을 받는 일명 '파이 나눠먹기' 밖에 할 수 없었다. 하지만 어느 날 읽었던 책에 울림을 주는 구절이 있었다.

"진정한 나의 라이벌은 다른 사람이 아니다. 나의 라이벌은 과거와 미래의 나다. 과거와 미래의 나와 경쟁하라."

나의 모습은 다른 학원들에게 안테나를 세우고 어떻게 하면 그들과의 경쟁에서 승자가 될 것인가, 어찌하면 그들을 이기고 내가 살아남을 것인가에 온통 초점을 맞추고 있었다. 다른 학원과 경쟁할 것이 아니라 나의 모습을 확인해보는 것이 중요했다. 먼저 과거의 나의 모습을 돌아보았다.

과거의 나는 모든 일에 마냥 서투른 정말 초보의 모습이었다. 처음으로 규모 있는 학원을 운영하게 된 나로서는 궁금한 것도 많고 도움

받을 일도 많았다. 그러나 지역의 학원장들은 자신의 노하우나 방법을 공유해주지 않았다. 학원에 돌발상황이 일어나면 정말 어찌할 바를 몰라 여기저기에 전화를 해서 물어보고, 그 일로 새벽까지 뒤척이고 고민하던 모습이었다.

사람들을 좋아하는 나였지만, 학원에 대한 불안감 때문에 사람을 만나는 일도 많이 줄어서, 말 그대로 집과 학원만을 오가는 것이 나의 일상이었다. 온갖 스트레스를 다 받으면서 끼니조차 제대로 챙겨먹지도 못했다. 건강은 점점 악화되고, 먹지도 못하는데 체중은 더 불어났다. 그때의 내 모습을 보면 정말이지 왜 그렇게 살았을까 싶다.

지금의 나는 나름대로 만족스러운 삶을 살고 있다. 내가 사업을 하는 이유는 자기결정권을 갖기 위해서이다. 시간의 자기결정권과 경제적인 자기결정권을 갖기 위해서다. 나의 생활을 비춰볼 때 시간의 자기결정권은 확보한 것 같다. 내가 하고 싶은 일이 있으면 학원에 매이지 않고 시간을 보낼 수 있으니 말이다. 그러나 아직은 경제적으로 완전한 자기결정권을 갖고 있지는 않다. 물론 개원 초기의 상황과 비교하면 무척 감사하다. 내가 배우고 싶은 것이 있으면 망설이지 않고 수강을 할 수 있고, 책도 원하는 만큼 얼마든지 사 볼 수 있으며, 하고 싶은 일에 돈 때문에 브레이크가 걸리는 일은 없어졌다.

나의 기량도 많이 달라졌다. 그릇의 사이즈가 많이 커졌다. 지금은 웬만한 일로는 스트레스를 받지 않는다. 모든 게 내가 걱정해서 해결되지 않을 거라는 걸 안다. 어떻게 하면 이 하루를 즐겁게 보낼 수 있을까? 내게 주어진 이 일을 즐길 수 있을까만 생각한다. 예전에도 지금도 고민을 하고 있지만 고민의 주제가 바뀌었다.

하루하루 원생들과 보내는 시간이 너무 즐겁고 행복하다. 나를 괴롭히던 강사 문제도 해결되었다. 이제는 강사들과 출근해서 이야기 나누고 시간을 보내는 것이 즐겁다. 강사들에게 책에서 읽었던 유익한 이야기들을 나눠주고 동기부여를 시켜주는 것이 즐겁다. 강사들도 예전에는 그저 출근하면 일만 열심히 했는데, 이제는 목표를 가지고 더 나은 삶을 향해 함께 나아가는 모습이 좋다. 지금도 주변 원장들이 불경기 학원 매출을 탓하며, 다른 학원들을 의식할 때 거침없이 이렇게 이야기를 해준다.

"원장님. 중요한 건 그 학원이 아니야. 그 학원은 신경 쓰지 마. 그럴 시간에 원장님 학원이 어떻게 하면 더 멋진 학원이 될 수 있을지 그걸 연구해봐. 다른 학원이 어떻게 잘되는지 그런 것들을 참고하는 것은 좋지만 그걸 의식하고 그 학원 때문에 원장님 학원이 안 되고 있다고는 생각하지 마. 내가 열심히 하면 그걸로 된 거야."

지금 학원이 잘되고 있는가? 아니면 극심한 경영의 불황을 겪고 있는가? 다른 학원에 신경 쓸 에너지가 있다면 자신의 학원을 보자. 자신을 돌아보자. 잘되고 있다면 여기에 안주하지 말고, 더 큰 미래의 청사진을 그려보고, 만일 학원이 어려움을 겪고 있다면 자신의 과거와 현재를 되짚어보자.

모든 결과에는 반드시 원인이 있다. 왜 학원이 어려움을 겪고 있는지 한 번쯤은 시간을 내어서 되짚어보라. 사람은 남의 모습은 날카롭게 보고 지적을 하지만, 자신에게는 매우 관대하다. 그래서 자신의 문제점이 보여도 "뭐 그럴 수 있지. 내가 이러는 건 이유가 있는 거니까 괜찮아." 하고 스스로를 위로한다.

주변에 어려움을 겪는 원장이 내게 문제점을 토로하며 이야기를 꺼내면 듣고 이렇게 해보면 어떻겠냐고 해결책 몇 가지를 제시해준다. 그런데 놀랍게도 그들의 반응은 정말 한결같다. 그 자리에서는 알겠다고 한 번 해보겠다고 하지만 말뿐이다. 절대로 행동에 옮기지 않는다. 실행만이 답이다. 생각만 하고 있으면 절대 문제점이 해결되지 않는다. 자신의 현재 모습을 바꾸고 싶고, 더 안정된 미래를 꿈꾼다면 반드시 노력해야 한다.

나는 지금 안정되게 학원을 운영하고 있지만, 절대로 현재에 안주하고 싶지는 않다. 내게는 더 큰 꿈이 있다. 아이들의 진로상담, 코칭을 겸한 비전센터를 운영하는 것이다. 공부뿐 아니라 진로를 함께 고민하고 코칭해주는 멘토가 되는 것이다. 더 나아가서 최종적으로 이루고 싶은 꿈은 대안학교를 만드는 것이다. 주변 사람들은 나이가 적은 것도 아닌데 뭘 그렇게 매번 새로운 시도를 하냐고, 지금 하고 있는 것만으로 충분하니까 이제 좀 편하게 살라고 말한다.

사람이 나이가 들면 늙는다고 말한다. 하지만 나는 '누군가가 더 이상 꿈꾸지 않을 때, 그때가 정말 나이가 드는 것'이라고 생각한다. 과거에 나는 참 힘겹게 나의 꿈을 꾸고 이뤄갔다. 내가 꿈을 꾸고 이루려는 시도를 하지 않았다면 지금의 나는 없을 것이다.

마찬가지다. 내가 미래에 이룰 꿈을 지금 꾸지 않는다면 지금의 내 모습이 늙어서까지 이루어놓은 나의 모습 전부가 될 것이다. 현실에 안주하고 싶은 마음이 왜 없겠냐마는 지금의 나의 라이벌은 바로 나이다. 현재의 모습에 안주하고 싶어 하는 바로 나이다.

더 나은 나의 모습을 이루기 위해 나는 오늘도 나와 싸운다.

당신은 무한한
가능성을 지닌
존재다

05

가난은 결코 꿈을
꺾지 못한다

결혼하면서부터 나의 생활은 힘들어졌다. 결혼하기 전에는 빚이란 걸 모르고 살았던 내가 신혼집을 구하면서 처음으로 지게 된 빚은 크나큰 부담으로 다가왔다.

빚을 어떻게 갚을 것인가? 하는 것이 내게는 가장 큰 문제였기 때문에 빚을 청산할 계획을 세워보았다. 그때는 관리교사를 하고 있었고, 수입도 어느 정도 안정적이었기에 다니고 있던 직장을 2년 정도 더 다닌 후에 아이를 가지면 빚도 모두 청산하고, 아이 양육비용까지 어느 정도 마련할 수 있겠다 싶었다. 하지만 계획은 계획일 뿐…. 아이를 2년 후에 가지려고 했지만 덜컥 두 달 만에 첫아이가 생겼다.

TV에서는 신혼부부가 임신을 확인하는 순간 눈물을 흘리면서까지 감격하고 기뻐하는 장면을 많이 봐왔다. 하지만 현실의 나는 떨리는 마음으로 임신 확인 키트 결과를 기다렸다. 임신선 두 줄이 뚜렷하게 나타나는 순간 기뻐하는 마음은 커녕 참 많이 울었던 것 같다. '지금 아이가 생기면 이제 나는 어떻게 되는 거야? 빚은 대체 언제 갚을 수가 있을까?'라는 걱정이 앞섰다.

내가 세운 계획이 와르르 무너지면서, 마음이 심란하여 차마 웃을 수가 없었다. 태아에게는 미안했지만 좋은 생각, 즐거운 생각보다는 현실고에 걱정만 한 가득이었다. 일단 할 수 있을 때까지 일을 하면서 빚을 갚아야 했기에 8개월까지 일을 했다. 실은 더하고도 싶은 마음이 있었다. 그러나 배가 너무 많이 불러 8개월 때는 핸들에 배가 닿을 정도였고, 손발의 부종도 심해서 더 이상은 지속하는 것이 무리였다. 나는 괜찮다고 해도, 방문을 하면 보는 엄마들의 안쓰럽고 걱정스러운 눈길 때문에 더는 할 수 없었다.

아이를 출산한 후로는 남편이 벌어다주는 급여로 살았다. 정말이지 남편의 수입으로는 빠듯하게 먹고 사는 것이 전부였다. 빚은 도저히 갚을 수가 없었다. 자다가도 한밤중에 벌떡벌떡 일어나 미친 듯이 가계부를 펼쳐 계산기를 두드려보는 것이 일이었다. 그렇게 한다고 해서 빠듯한 살림이 나아지는 것은 없었는데, 그렇게라도 하지 않으면 견딜 수가 없었다. 그만큼 빚은 나에게 강박관념화 되어 일상을 지배했다. 이런 내가 보기에 안쓰러웠는지 남편은 "그렇게 해도 바뀌는 게 없잖아. 이제 그만하고 맘을 좀 편하게 먹어." 하고 말했다.

하지만 사람이 맘먹은 대로 되면 얼마나 좋겠는가? 시간이 지날수록, 아이가 자랄수록 점점 더 빠듯해지는 살림살이에 시름은 더욱 깊어졌다. 성격상 빚은 빨리 갚아야 하는데, 그래서 결혼 전에도 절대 할부라는 것을 하지 않았던 나인데, 현실은 나를 그렇게 놓아주지 않았다. 정말이지 그때는 한 달에 10만원 갚는 것도 힘들었다.

시간이 약이라고 했다. 시간이 지나면서 어느 정도 빚에 대한 강박은 약해졌다. 아이가 자라나는 기쁨에 '그래, 조금 느리면 어때. 다른 사람에게 피해주지 않고 우리 힘으로 갚아나가기만 하면 되는 거잖아'라고 서서히 마음을 고쳐먹기 시작했다. 빠듯하긴 했지만 한 달 한 달을 버텨나갔다. 남편이 두 달에 한 번씩 보너스를 받았기에, 한 달이 마이너스가 나면 보너스 달에 그걸 막는 식으로 살았다. 이런 내가 안쓰러웠는지 광주에 살았던 언니는 생활에 필요한 생활용품도 많이 사주고, 어린이날, 아이 생일 등 기념일에는 항상 아이를 챙겨주었다. 주변에 좋은 사람들이 많아서 소소하게 챙겨주는 도움의 손길도 많았다.

늘 안쓰럽게 여기며 자질구레한 것까지 모두 챙겨주신 친정엄마는 말할 것도 없다. 지금 돌이켜보면 '내가 참 힘들게 살았구나!' 가슴 뭉클한 기억이다. 가난하긴 했지만 그래도 나름 그 안에서 행복하게 살려고 애쓰던 시간이었다.

학원을 운영하면서부터 부자는 아니지만, 그때에 비하면 여유로운 생활을 하고 있다. 만일 금자언니가 전화를 해서 학원을 해보지 않겠냐고 말했을 때 끝까지 나의 현재 생활 상태만 보고 거절했었더라면 어떻게 되었을까? 아마도 매달 '딱 먹고만' 살고 있을 것 같다는 생각이 든다.

사실 내 생활수준으로는 어림도 없는 금액이었지만, 이대로 주저앉기에는 내 인생이 너무 소중하기에 꼭 도전하고 싶었다. '사람이 어떤 목표를 세우고 움직이기 시작하면 모든 환경이 나를 위해서 움직여준다'는 말이 있다. 내가 가난이라는 현실에 굴하지 않고, 더 나은 미래를 위해 꿈을 꾸고 움직였기 때문에 길이 열렸다고 생각한다.

나의 이야기를 듣고 부러워하는 사람도 많다. 그들은 '어떻게 돈이 없는데 일을 벌일 수가 있냐고, 그러다 망하면 빚만 더 얹어지는 것 아니냐고' 하면서 현실의 벽을 깨는 것을 두려워한다. 글쎄, 내가 독특한지 모르겠지만 나는 학원을 시작할 때 내가 빈털터리라는 것은 고민하지 않았다. 단지 이 일을 내가 정말 하고 싶은 일인지, 도전하고 싶은 마음이 있는지만 고민했다.

내가 일을 시작하려고 맘만 먹으면 어떻게든 길은 열릴 거라 생각했다. 물론 주위 분들의 많은 도움이 있었기에, 1억 3천이라는 돈을 마련하는 일도 가능했다. 하루하루 먹고만 사는 그때의 생활에 안주했더라면, 지금의 나는 얼마나 힘들어졌을까. 어떤 생활을 하고 있을지는 불 보듯 뻔했다.

외벌이 시절 한 달에 10만원도 갚기 힘들어서, 공부방을 개원하며 사촌동생에게 빌려온 5백만 원을 전혀 갚지 못했다. 그런데도 제부랑 동생은 '언젠가는 반드시 성공할 거라고. 괜찮다고 천천히 갚으라고' 하면서 나에게 힘을 실어주었다. 학원을 운영하면서, 개원할 때 생긴 1억 3천만 원과 동생에게 빌려온 돈 모두 갚을 수 있었다.

나는 여행을 정말 좋아한다. 나의 '꿈 리스트'에는 '1년에 2번 이상은 해외여행 가기'라는 목록이 있다. 학원 초기에는 학원 일이 몸에 익지도 않고, 교사들이 말썽을 너무 많이 피워서 학원을 비우는 일은 언감생심 생각할 수도 없는 일이었다. 하지만 시스템이 잡히고, 매뉴얼대로 학원이 움직이기 시작하면서부터 내가 꿈꾸던 여행을 다니기 시작했다. 작년, 재작년 모두 2번 이상 여행을 다녀왔다. 2016년에는 대만, 상해를 다녀왔고 여름에는 제주도로 10일 정도 여행을 다녀왔다. 올해도 여행을 떠날 계획이다.

여행은 나에게 많은 새로운 것을 선물한다. 그동안 쌓였던 스트레스를 맛난 먹거리로 풀어주기도 하고, 아름다운 풍경을 보며 새로운 에너지를 충전하게도 한다. 이런 생활들은 내가 학원을 시작하지 않았더라면 감히 생각할 수도 없는 일이다. 주변 친구 중에 늘 새로운 일을 시작하는 것을 망설이는 친구가 있었다. 3년 전 구상하던 사업을 시작해보고 싶다고 했다. 나는 듣자마자 한번 도전해보라고 말했다.

"너 내가 어떻게 살아왔는지 다 지켜봤잖아. 너한테도 좋은 기회가 될 거야. 더 나이가 들면 도전할 용기도 없어져. 한 살이라도 젊은 지금 도전해야지.”

하지만 그 친구는 지금도 망설이고 있는 중이다. 망설이고 생각만 하다가 벌써 3년이 지났다. 나는 “너를 믿고 시작을 하고 최선을 다해서 열심히 해봐. 그럼 너도 반드시 성공할거야”라고 매번 이야기를 해주지만, 그 친구는 “알았다”라고 대답만 하고 움직이지를 않는다. 그러면서 자기계발을 하고, 여행을 다니는 나를 보면 늘 “부럽다”는 말만 반복할 뿐이다.

지금 내가 한번 해보고 싶은 일이 있는가? 그 일에 최선을 다할 각오가 되어있는가? 그렇다면 한번쯤은 자신을 믿고 도전해보라. 생각만 해서 바뀌는 일은 하나도 없다. 처음부터 목표를 너무 크게 세우면, 성취하지 못했을 때 크나큰 좌절감을 맛보게 되고, 다시 도전하고 싶은 의욕을 잃게 된다.

그러니 처음에는 성취하기 쉬운 아주 작은 목표를 잡는 것이 좋다. 작은 목표를 이루게 되면, 좀 더 큰 목표에 도전하고 싶은 생각이 들고, 성취한 후에는 점점 더 큰 목표에 도전하게 되어 최종적으로는 상당히 멋진 목표를 이룰 수 있기 때문이다.

이제 그 자리에서 생각만 하는 것은 그만하라. 생각했다면 바로 실행하라!

“Think Big, Act Small!”

간절히 바라면
어떤 모습으로든 이루어진다

나는 어렸을 적 공교육 교사가 되는 게 꿈이었다. 이유는 알 수 없었지만 누구든지 앉혀놓고 가르치는 것이 좋았기 때문이다. 그래서 늘 아이들을 앉혀놓고 무언가를 가르치는 놀이를 많이 했다.

나는 교탁에 서서 아이들을 가르치고 있는 내 모습을 늘 상상하곤 했다. 중간에 진로 선택을 달리하면서 교사의 꿈이 멀어지는가 싶었는데, 비록 공교육은 아니지만 지금은 사교육계에서 아이들을 가르치는 교사가 되었지 않는가.

나는 원생들에게 늘 꿈에 대해 이야기를 많이 한다. 꿈꾸는 것이 얼마나 중요한지 시간이 될 때마다 말해준다. 이렇게 꿈에 대해 원생들에게 얘기할 때면 원생들이 나에게 역으로 질문을 할 때가 있다.

" 원장님, 원장님의 어릴 적 꿈은 뭐였어요?"

"응, 선생님은 어릴 적부터 선생님이 되고 싶었어. 지금은 비록 학교 선생님은 아니지만, 너희들을 가르치고 있으니까 어찌하든 선생님은 꿈이 이뤄지긴 한 것 같아. 아니니?"

그러면서 아이들에게 이렇게 말한다.

"너희들도 반드시 되고 싶은 게 있으면 지금 될지 안 될지 스스로 판단해서 포기하거나 그러지마. 그저 너희들이 원하는 모습을 생생하게 그려보고 꿈을 꿔. 꿈을 꾸고 그려보는 것이 중요해. 간절히 소원하면 반드시 이뤄질 거야. 선생님이 그 증거야."

자기계발의 대가인 나폴레온 힐의 모든 저서에서 공통으로 다뤄지는 부분이 있다. 모든 사람들이 믿지도 잘 알지도 못하는 '잠재의식의 힘'이다. 모든 사람들이 성공을 꿈꾸고, 성공하는 사람들을 부러워한다. 하지만 부러워만 할 뿐 그들과 같이 시도해보려고는 생각하지 않는다. 성공하는 사람들이 성공의 비결이라고 하는 것은 바로 "생생하게 마치 그 일이 일어난 것처럼 꿈꾸고, 선포하라는 것이다."

가령 내가 부자가 되기를 꿈꾼다면, 마냥 '부자가 되고 싶다'라고 생각하는 것이 아닌, 몇 년 몇 월 몇 일까지 얼마를 갖게 될 것이고, 그때 나는 어떤 집에서 어떤 옷을 입고 어떤 음식을 먹으며 어떤 생활을 하고 있을 것인지를 생생하게 그리고 마치 그런 삶을 사는 것처럼 아침저녁으로 생각하고 선포하라는 것이다. 물론 어떻게 그 부를 이룰 것인지 구체적인 계획을 세우는 것도 잊지 않아야 한다.

우리의 뇌는 진짜와 가짜를 구별하지 못한다고 한다. 우리가 우리의 소망을 소리 내어 말하면 처음에는 '이게 무슨 헛소리야. 말도 안돼.' 하고 뇌가 인식하지만, 자꾸 반복할수록 '아~ 그렇게 되어야 하나보다'라고 인식하고 우리 몸의 모든 조직을 성공할 수밖에 없는 조건으로 바꿔나간다는 것이다.

1년 전에 '진로 코칭 1급' 자격증을 딸 수 있는 좋은 기회가 생겨 그룹을 지어 공부를 해서 자격증을 취득했다. 나중에 내가 원하는 아이들의 인생 로드맵을 함께 그리고 지도해줄 진로 멘토가 되기 위해 준비를 해두면 좋겠다 싶어 시작했던 일인데, 이 일을 통해서 전혀 생각지도 못했던 기회가 왔다.

함께 자격증 공부를 했던 멤버 중에 교육협동조합 이사님이 있었는데, 그 이사님이 추천을 해서 화순 관내 중학교에서 '멘토 초청의 날'에 초청을 받은 것이다. 아이들과 40분간 2차례 만나는 것이 전부였지만 내가 좋아하는 아이들과 학교에서 이런저런 이야기를 주고받는 그 시간이 참 행복했다. 학교에 가기 전 큰딸에게 "엄마가 내일 멘토로 초청을 받아서 중학교에 가게 됐거든." 했더니 "엄마, 사탕이나 먹을 것을 좀 준비해가세요. 처음에 퀴즈 같은 걸 내서 분위기를 유도하면 좋을 것 같아요." 하고 조언을 해주어서 아이들이 좋아하는 초코바를 몇 봉지 사가지고 갔다.

멘토 초청행사는 아이들에게 일선의 다양한 직업을 가진 분들을 초청해서 그들에게 궁금한 것도 물어보고, 나중에 그러한 직업군을 가지고 싶은 아이들에게 쉽게 성취할 수 있는 정보를 제공해주는 목적을 가지고 있다. 이 행사는 전국의 모든 중·고등학교에서 실시하고 있다. 그런데 아이들에게 관심 있고 인기 있는 직업군이 있다보니 그 분야에만 아이들이 몰렸다. 그래서 직업군별로 마감인원을 정해두고 마감이 되면 다른 분야로 아이들을 유도했다.

내가 맡았던 분야는 경영자였는데 경영에 관심이 있는 학생들도 왔지만, 언급한 대로 강제로 수를 맞추기 위해 왔던 아이들도 있었다. 처음에는 어수선한 분위기도 정리할 겸 간단한 퀴즈로 아이스 브레이킹을 하고 준비한 초코바도 선물로 주었다. 1교시를 마치고 쉬는 시간에 다른 멘토들과 이야기를 나누었는데 아이들과 만나는 시간이 어색하고 시간이 안 가서 힘들었다고 했다. 나는 다행히 학원에서 늘 중학생들과 생활한 덕분에 그 시간이 그렇게 어렵고 힘들지는 않았다.

강의는 학원에서 아이들을 컨트롤하는 것과는 약간 차이가 있었다. 늘 강의를 하긴 했지만 처음으로 학교에서 아이들과 만나서인지 긴장이 되었고, 진땀 꽤나 흘렸다. 다행히도 아이들이 그렇게 지루하게 받아주지를 않아서 즐겁게 1교시를 마무리 할 수 있었다. 2교시는 1교시의 경험이 있어서인지 더욱 더 수월하게 마칠 수 있었다.

강의가 끝나고 피드백 하는 시간에는 아이들에게서 좋은 이야기를 들었다. 다른 강사들은 아이들을 대하는 기회가 많지 않아서인지 굉장히 딱딱하고 어색한 40분을 보냈는데 나는 아이들과 소통하는 방법이 좋았고 자연스러웠다는 피드백이 왔다. 길지 않았던 두 차례의 40분간의 경험은 어찌 보면 굉장히 짧은 시간이었지만 너무 좋았다. 내가 원하던 공교육의 교단에 서서 정식 교사는 아니지만 아이들과 함께 시간을 보낼 수 있는 기회를 잡았다는 게 너무 기뻤다.

그 순간, 어릴 적부터 꿈꿔왔던 나의 소망이 생각났다. 내가 공교육 교사가 되는 게 꿈이었는데, 이제는 그 꿈을 이룰 수 없다는 생각이 들었다. 하지만 이런 기회를 통해서라도 교탁에 서보는 경험을 하게 되니 '정말 꿈꾸면 어떠한 방법으로든 이루어지는 구나.' 하는 신기한 생각마저 들었다. 올해도 어김없이 학교에서 연락이 왔고, 그들 앞에 설 기회를 얻게 되었다. 또 다시 학생들을 만날 준비를 하면서, 나는 그리던 어릴 적 꿈을 다시 한번 성취할 기회를 얻게 되었다는 생각이 들어 너무 감사했다. 올해는 작년에 그들을 만났던 경험을 되짚어서 더 멋지게 아이들과 만나는 프로그램을 준비하려고 한다.

내가 늘 꿈꾸던 공교육 교사. 그것이 제대로 완전하게 이루어지지는 못했지만, 어떤 형태로든지 이루어졌다고 나는 믿는다. 올해도 역시 아이들을 만나고 왔다. 작년에 경험이 있어서인지 올해는 더 꼼꼼히 준비했고, 시간을 효율적으로 사용할 수 있었다. 아마도 내가 거부하지 않는 한 매년 이렇게 귀한 기회가 주어질 듯하다. 참 감사한 일이다. 이제는 더 자신 있게 이야기 할 수 있다.

"네가 꾸는 꿈은 어떠한 형태로든, 어떠한 모습으로든 반드시 이루어져. 그러니 절대로 포기하지 말고, 너의 꿈을 향해 항상 준비만 하고 있어. 언젠가는 너에게 꼭 기회가 올 거야. 꿈은 반드시 이루어지니까!"

인생은 신바람 나는
도전이다

신문기사에서 간간히 70대의 어르신들이 아직도 꿈을 향해 도전을 하는 기사를 접하게 된다.

연로하신 그분들이 초·중·고 검정고시에 합격하기도 하고 20대의 파릇파릇한 청춘들과 대학동기가 되기도 한다. '참 대단하신 분이시다'라는 생각과 함께 '아직 나는 그분들에 비하면 너무 젊은데 과연 내 삶에 최선을 다해 살고 있나'라는 반성을 해본다.

아직 인생의 절반여밖에 살지 않았지만 우여곡절이 많았다. 사람들은 누구나 자신의 인생을 책으로 쓰면 몇 권은 나올 거라는 이야기를 한다. 사실 개개인마다 나름의 독특한 인생 스토리를 가지고 있는 건 사실이다.

2년 동안 자기계발을 위해 서울을 오르락내리락하며 강의를 들으러 다닐 때 지인들은 나의 열정이 참 부럽다고 했다. 체력도 참 좋은 것 같다며 나 같으면 못했을 거라고 혀를 내두르기도 했다. 나도 그때는 어떻게 그걸 해냈는지, 다시 그 과정을 그렇게 하라고 하면 과연 해낼 것인지에 대해서는 자신이 없다.

지금 생각하면 나도 내가 대견하다. 그때는 시간관리와 독서법에 대해 늘 갈급한 상태였고, 내가 필요한 부분이었기 때문에 배움이 너무나 재미가 있었다. 지치지도 않았다. 그래서 '자신이 즐거워하는 일을 하라고 하는 구나'라는 생각이 들었다.

어렸을 때 소풍을 가거나 운동회를 하는 날에는 부모님들이 깨우지 않아도 새벽부터 눈이 떠지는 그런 경험, 누구나 갖고 있을 것이다. 새벽에 5시 30분 첫 기차로 서울에 올라가고, 교육이 마친 후에는 기차가 끊겨 버스를 타고 새벽 3시에 도착해서 잠시 눈을 붙였다가 다시 출근해야 하는 고된 일정이었다. 그럼에도 불구하고 힘들기는커녕 오히려 서울에 강의를 들으러 가는 날은 마치 소풍을 가는 어린아이마냥 들뜨기가 일쑤였다. 2년여 동안 교육비와 교통비로 2천만 원 정도를 지출했지만 하나도 아깝지가 않고 오히려 감사했다.

매일 학원에 출근을 해서 강의하고, 학원관리를 하다가 퇴근했다. 퇴근 후에는 주부로 다시 돌아가 집안일, 아이들과 씨름하는 일상이 계속해서 반복되다 보니 서울로 배우러 다니는 그 일이 내 인생의 활력

소가 되었는지도 모르겠다. 나는 어릴 적부터 새로이 도전하는 것이 좋았다. 어떤 이들은 새로운 환경이 오면 두렵고 낯가림이 심하다고 하던데, 나는 새로 만나는 사람들, 새롭게 도전하는 그 환경들이 너무나 기대되고 떨렸다. 사람을 만나는 걸 너무 좋아하는 내 성격 때문일 수도 있다. 집안에서 반대하는 결혼을 할 때도, 다들 망할 거라던 학원을 개원할 때도 다른 사람들은 고생길이 훤하다며 다들 말렸지만 나는 무슨 이유에선지 기대감이 있었다.

남들이 다 안 될 거라고 포기하라고 하는 그 일을 잘해내어 다른 이들에게 '정말 되는 구나'라는 희망을 주고 싶은 나름의 오기도 있었다. 그때 '과연 네가 어떻게 하나 보자'라고 나를 조용히 지켜보았던 사람들은 자신도 하고 싶은 것은 있는데, 정말이지 도전하기가 힘들다고 한다. 왜 그러냐고 물어보면 '실패하면 어쩌지.' 하는 두려움을 극복하기가 힘들어서 그렇다고 대답한다.

"왜 해보지도 않고 실패할 걸 먼저 생각해? 너 자신을 믿어. 너는 위대한 존재야. 우리는 우리가 알지 못하는 놀라운 잠재력을 가지고 있어. 물론 실패할 수도 있겠지. 하지만 실패를 통해 네가 더 단단해질 거야. 실패할 거라 생각하지 말고 일단은 한번 도전해봐. 실패한 만큼 성공으로 가는 방법을 알아가는 거니 손해 보는 건 아니야."

이렇게 말한다고 해서 그 사람이 바로 실행에 옮기는 건 아니다. 계속 이런 이야기를 듣고 보다보면 할 수 있다는 용기와 해보고 싶은 마음이 생긴다.

내가 정말 사랑하는 《그릇器》이라는 책에서 작가 사이토 히토리는 '인생은 신바람 나는 수행'이라고 했다. 그 문장을 읽는 순간 마음이 너무 시원해졌다. '그래. 내가 헛으로 인생을 살았던 게 아니구나'라는 생각이 들었다. 인생이란 것이 주어진 자신의 상황에 안주하고 만족하기보다는 계속적으로 도전하고 나를 더 가치 있게 만드는 과정이 아닌가 싶다.

인생을 살다보면 좋은 일도 궂은 일도 공식처럼 겪게 되는 것인데, 우리는 고난이 찾아오면 왜 나만 이런 일을 겪느냐며 불평하고 그 자리에 주저앉아버린다. 하지만 모든 것은 마음먹기 달렸지 않은가. 이 일을 통해 내가 더 야물어진다면, 더 성숙해질 수 있다면 어찌 즐겁지 않을까. 어찌 감당 못할까. 인생을 정말 신바람 나는 수행이라고 이해한다면 넘지 못할 산은 없다. 힘든 일과 마주할 때 '힘겹다, 슬프다' 대신 '이 일을 겪고 나면 내가 얼마나 더 성장할까? 이 일을 통해 내게 어떤 즐거운 일이 생겨날까?' 기대하는 마음을 가져보자.

이 책도 '내 인생의 신바람 나는 도전' 중의 하나이다. 흔히들 책쓰기라고 하면 일반 사람들이 아닌 특별한 사람들만의 것이라 생각한다. 나도 그렇게 생각했다. 하지만 주변 사람 중 작가가 나오고 그들을 가까이서 지켜보면서 '아~ 나도 할 수 있겠다'는 생각이 들었고 행동으로 옮기게 되었다. 책쓰기가 결코 먼 나라 이야기가 아니고, 나도 한번은 도전해볼만한 일이라 여겼기 때문이다.

어떤 일이든 주변에 경험을 한 사람이 있다면 내가 도전을 해보기가 훨씬 더 수월해진다. 먼저 해보았던 선배들이 자신의 경험담과 시행착오를 통해 이룬 최고의 방법들을 제시해 줄 수 있기 때문이다. 내가 책을 씀으로 해서 다른 사람들은 조금 더 쉽게 책쓰기에 도전해 볼 수 있을 것이다. 그리고 그들이 나에게 문의를 할 때 내가 최선을 다해 대답을 해줄 수 있을 것이다. 이것이 내가 책을 쓰는 이유이다.

예전에 서진규 작가의 《나는 희망의 증거가 되고 싶다》라는 책이 있었다. 딱 내가 하고 싶은 이야기이다. 할 수 없는 상황, 어려운 상황에서 보통 사람인 내가 이뤄낸 일들이 주위 사람들에게 자그마한 힘이 되었으면 좋겠다. 멀게만 느껴졌던 그들의 목표를 향해 작은 걸음을 내딛을 수 있는 도화선이 되었으면 한다.

스승이 아닌
참 멘토가 되라

지금은 멘토나 멘티라는 개념이 보편화되었지만, 내가 어렸을 적에는 이런 개념 자체가 없었다. 진로를 결정할 때도 선생님이나 부모님이 하시는 이야기가 조언의 전부였던 걸로 기억한다.

내 청소년기를 돌아보면, 그때 만일 '참된 멘토가 있었더라면 훨씬 더 유익한 진로 선택을 할 수 있지 않았을까.' 하는 아쉬움이 들 때가 많다. 나는 특히 시골에서 성장했기에, 생계에 바쁜 부모님이 나의 진로에 대해 많이 도움을 주시지 못했다. 선생님이 하시는 말씀이 유일한 정보요 진로 선택의 방법이었다.

그래서 원생들을 볼 때면 그냥 학원선생님이 아닌 정말 저들의 삶에 조금이나마 도움을 주고 싶다. 강사들에게도 "아이들이 선생님들을 보면서 꿈을 꾸어요. 선생님들이 아이들에게 롤모델이 되어주시고 멘토가 되어주세요. 그냥 지식만 전달하는 선생님이 되지 마시고 삶을 전달해주세요. 아이들이 도움이 필요하면 도와도 주시고, 위로가 필요하면 위로도 해주세요. 칭찬을 아끼지 마세요. 그럴 때 아이들이 선생님에게 마음을 열어줄 거예요. 우리는 같은 마인드를 품고 일을 했으면 좋겠어요." 하고 말한다.

틈나는 대로 아이들에게 책에서 읽었거나 접했던 좋은 정보들을 전달해준다. 아이들이 내 말을 얼마나 귀담아 들을지는 모르지만, 그들의 삶에 티끌만한 도움이라도 될 수 있다면 내 할 일은 다한 거라 생각한다. 그런데 아이들은 내가 그냥 흘려보낸 이야기에도 영향을 받는 것 같다. 아이들이 분명 영향을 받고 있고, 머릿속에 집어넣고 있구나 확신한 사건이 있었다.

아이들과 수업을 하면서 시간이 나면 가끔 이런저런 이야기를 한다. 어느 날은 <세바시>에서 보았던 권장희 소장의 '스마트폰이 아이들에게 미치는 영향'에 대해 잠시 이야기를 해주었다.

"애들아. 애플사의 아이폰 알지? 그 아이폰 판매가가 100원이라고 해봐. 그럼 5원은 하루 종일 힘들게 조립만 한 사람이 가져간대. 30원은 조립부품을 판매하는 사람이 가져 가구. 그럼 65원은 누가 가져가게?"

아이들은 핸드폰 판매상이라던지 나름의 대답을 한다. "땡!!~ 틀렸어. 그걸 누가 가져 가냐면 바로 아이폰을 디자인한 사람이 가져가는 거야. 애들아 생각해봐. 하루 종일 수고하고 힘들게 조립한 사람은 겨우 5원 가져가는데, 디자인 한 번 해둔 사람은 그 한 번의 수고로 매번 65원을 챙기는 거야. 대단한것 아니니?

우리 뇌에는 전두엽이라고 하는 뇌의 사령관이 있어. 이 전두엽이 활성화 되어야 좋은 아이디어도 많이 낼 수 있는 거야. 그런데 이 전두엽을 아주 활성화시키는 방법이 있거든. 그게 바로 독서야. 책을 읽을 때는 이 전두엽이 아주 바쁘게 움직인대.

그런데 반대로 어떤 활동을 하면 이 전두엽이 하나도 움직이지 않아. 그게 뭘까? 그게 바로 스마트폰이야. 너희들이 아무 생각도 없이 매일 하는 핸드폰 게임, 웹툰 보고 그러는 게 바로 너희를 조용히 바보로 만드는 거야. 너희들은 5원을 받는 사람이 되고 싶어 아님 65원 받는 사람이 되고 싶어?"

그러면 대부분은 "65원 받는 사람이 되고 싶어요." 하고 말한다. 그런데 엉뚱하게 5원을 받고 싶다는 아이도 딱 한 명 있었다. 왜냐고 물었더니 자기는 조립하는 걸 좋아해서 그렇단다. 아이들의 유쾌 발랄한 상상력을 볼 수 있는 대답이었다.

"애들아 너희들이 되고 싶은 65원을 받는 그런 사람이 되고 싶으면 아무것도 없는 것에서 멋진 것을 생각해낼 수 있는 창의력이라는 것이 풍부해야 하거든. 아이폰을 디자인한 사람도 그랬어. 그 당시에는 핸드폰에 버튼이 딱 하나만 있는 것은 없었거든. 다른 폰들은 뒤로 가는 버튼도 있고 메뉴 버튼도 있고 그렇잖아. 버튼이 딱 하나 있다는 것은 대단한 발상이었지. 그런데 그 창의력을 높이려면 열심히 독서를 해야 해. 미래에는 독서를 하지 않는 사람은 절대로 살아남을 수가 없어. 창의적인 생각을 하는 사람만 살아남게 될 거야. 그러니까 핸드폰 하는 시간을 좀 줄이고 꼭 책을 읽는 습관을 들여야 해 알았지."

이런 이야기를 하고 며칠 후에 학부모랑 통화를 했는데, 아이가 그날 저녁 밥상에서 이 이야기를 가족들에게 들려주었다는 거다. 똑같이 학부모에게 퀴즈를 내면서, 아빠도 5원짜리 되기 싫으면 핸드폰 사용을 좀 줄이라는 말과 함께….

이런 이야기를 다른 학부모에게서도 들을 수 있었다. 아이들은 내가 자투리 시간에 해주었던 그 이야기를 그냥 흘려보내지 않고, 가슴속에 담아 집에 돌아가서 가족들에게, 친구들에게도 들려주었다. 아이들이 이런 이야기를 듣고 핸드폰을 아예 하지 않을 거라고 기대하지는 않는다. 하지만 오랜 시간동안 핸드폰을 만지작거릴 때 내가 해준 이야기를 생각해내고, 조금은 시간을 줄이지 않을까. 그리고 잠시라도 책을 펴들지 않을까 기대해본다.

사춘기에 접어든 5, 6학년 아이들부터 중학생들을 보면 안타까운 생각이 많이 든다. 사춘기에 접어들면, 특히 중1이 되면 아이들은 이제 자신들이 성인이 된 것 같은 착각에 빠진다. 부쩍 어른 흉내를 내고 싶어 하고 그래서 술, 담배도 쉽게 빠져들게 된다. 내가 그랬듯 고민이 생겨도 부모에게 털어놓기보다는 친구들과 상담을 한다. 하지만 친구도 어차피 사리판단이 정확히 되지 않는 청소년인 걸 그들이 어떻게 현명한 결론을 낼 수 있겠는가?

그래서 중학생들에게 힘든 일이 생길 때 편하게 찾아와 자신의 고민거리를 털어놓을 수 있는 선생님이 되어주고 싶었다. 평소에도 원생들을 살펴서 얼굴에 고민거리가 보이면, 수업을 시키지 않고 원장실로 불러서 무슨 고민이 있는지 들어주는 걸 좋아했다.

그때는 늘 배가 고픈 시기이므로 늘 먹을 것을 원장실에 비치해 둔다. 먹을 것이 있어야 더 쉽게 대화도 진행된다. 아이들의 엄마뻘인 나지만, 늘 아이들과 소통하려고 하고 그들의 대화에 뒤처지지 않게 노력해서인지 아이들은 나를 호랑이 선생님이라며 무서워하는 한편 고맙게도 스스럼없이 고민도 나누어준다.

부모에게도 털어놓지 못한 술, 담배 이야기도 한다. "금방 끊지는 못하겠지만, 하루에 1-2개라도 줄여봐. 세상에 제일 힘든 게 금연이야. 계속하면 너 진짜 건강도 안 좋아지고, 니코틴이 쌓이면 끊기도 힘들어질 거야. 한참 때라 키도 커야하는데 키도 안 커."

중학생 아이들은 교우관계가 고민의 참 많은 부분을 차지한다. 왕따를 겪고 있는 아이들도 종종 볼 수 있다. 그런 아이에게는 공감이 우선이다. "네가 너무 힘들겠다. 학교 다니기 너무 힘들고 어렵겠다. 선생님이 어떻게 도움을 줄 수 있을까?"

의외로 대화를 하다보면 대화 중에 아이들이 스스로 답을 찾아낸다. 아이들은 어리지만 마음에 이미 어려움을 극복해 나갈 힘을 가지고 있다. 이런 아이들이 고등학교를 가서도, 대학생이 되어서도 나중에 결혼을 한다고 찾아오는 것이 내 소원이다. 실제로 중3 때 졸업을 했던 제자가 이제 대학생이 되어서 방학 때 보조강사로 파트타임을 하는 경우도 있다.

졸업을 했던 제자 중 하나는 고등학교 모의고사 보는 날은 어김없이 내가 좋아하는 커피며, 빵을 사들고 찾아오곤 했다. 그 제자가 올해 대학에 들어갔다. 수능을 치르고 만났었는데, 수능점수가 생각보다 안 나와서 아무래도 재수를 해야 할 것 같다고 하기에 재수는 너무 힘들 거 같으니, 가능하면 네 욕심에는 안 차더라도 대학에 들어가는 것이 낫겠다고 조언을 해주었다. 졸업 축하선물로 맛있는 식사, 카페에서 티타임, 대학에 입학하니 화장품도 선물해주었다.

이 아이는 결국 대학입학을 했고, 얼마 전에 만나니 대학 생활이 그렇게 재미있다며 함박 미소를 지었다. 아이의 어머니에게 감사 인사도 받았다. 좋은 멘토가 생겨서 아이가 늘 상담을 하고 결정을 할 수 있어서 감사하다고 했다. 같은 해에 서울로 대학을 입학한 제자는 서울에 내가 일이 생겨 갈 때마다 연락을 해서, 시간이 맞으면 같이 밥을 먹고 얘기를 나눈다. 기숙사 생활로 밥도 제대로 챙겨먹지 못하고 늘 학식으로 때워야 하니 얼마나 고생할까 싶어서 마음이 짠해진다. 처음으로 부모를 떠나 서울 생활을 하니 얼마나 마음이 허할까 싶어 힘든 일을 들어주고 도움이 될 만한 이야기를 해주고 온다.

대학 생활에 도움이 될 만한 정보도 전달해준다. 신입생이기에 아직은 멀다 생각할 수도 있는 취업에 관한 로드맵을 미리 그릴 수 있게 나아갈 길도 같이 고민한다. 고민 상담은 단순히 학생으로만 끝나는 게 아니라 학부모들에게도 이어진다. 사춘기 아이들을 둔 어머니들의 고민은 깊다. 상담전화를 하거나 결제를 하러 학원에 들러서 이야기를 시작하다 보면 근심의 그늘이 깊게 드리워져 있다. 내가 겪었던 일이기에 어머니들에게 내 경험을 말씀드리며, 다 지나간다고 격려해드린다.

작년에 중2였던 큰딸 때문에 너무 많이 힘들었다. 아이가 사춘기가 와서 그런지 말도 하지 않고, 시험기간이 되어도 공부를 하지 않았다. 수업 중에도 집중하지 않고 공부를 전혀 하지 않으니 나름 나쁘지 않던 성적이 하위권으로 떨어졌다. 책이 미치는 영향은 참으로 위대하다.

예전의 나였더라면 아이에게 야단을 치고 공부할 것을 강요했다. 하지만 '청소년을 위한 감정코칭'을 통해 사춘기는 전두엽이 리모델링을 대대적으로 실시하고 있는 시기이므로, 아이 스스로도 혼란스러운 시기이고 감정도 컨트롤하기 어렵다는 걸 알고 난 다음에는 아이를 이해하려고 애썼다. 나도 경험이 있지만, 공부는 스스로 할 마음이 준비되어야 하는 거지 아무리 주위에서 잔소리를 한다고 해도 되지 않는다.

그걸 알기에 그냥 그대로 아이를 인정하고 바라봐주었다.

마음은 늘 딸아이를 이해하려고 했지만, 막상 상황이 닥치면 답답해져서 아이에게 큰소리를 낸다. 아이와 갈등이 생기는 일이 잦아지니 집에 가서 아이를 대하는 것이 두려워 퇴근하는 시간이 싫어질 정도였다. 아이를 이해해야지 하면서도 딸을 보고 있노라면 분통이 터졌다. 왜 저렇게 행동할까 이해할 수가 없었다. 그런 시간이 지나고 이제 중3이 된 딸은 언제 그랬냐는 듯이 유쾌하다. 가끔은 다운 될 때도 있지만 이야기도 조잘조잘 잘하고, 그토록 하기 싫어하던 공부도 시작했다.

2학년이던 어느 날 하루는 수학학원을 다녀온 딸이 현관문을 열고 들어와서는 신발도 벗지 않고 현관에 털썩 주저앉아 대성통곡을 했다. 무슨 일이 있었던 건지 깜짝 놀라 물어봤더니, 수학학원에서 자기를 2시간이나 공부를 시켰다며 힘들었다는 거다. 어이도 없고 속으로는 너무 화가 났지만, "그랬어? 힘들었겠다. 얼른 들어와 씻어. 엄마가 맛있는 거 챙겨줄게." 하며 넘겼던 날이 있었다. 그랬던 딸이 이제는 5시간을 공부하고 와서도 울기는커녕 너무 밝게 현관문을 열고 들어온다.

사춘기는 감기와 같다. 그 시기는 너무나 괴롭고 힘들지만, 그 시간이 지나면 언제 그랬냐는 듯 멀쩡해진다. 이런 나의 경험을 이야기해주며 어머니에게도 지금은 힘들겠지만, 아이 스스로도 통제가 안 돼서 그러는 거니 어머니가 따뜻하게 아이를 품어주라고 말씀드린다. 학생뿐 아니라 학부모들과의 상담도 많아졌다. 힘들 때마다 전화를 걸어서 고민을 이야기 하는 부모도 있고, 울면서 속상한 것을 토로하는 부모도 있다.

우리 딸아이의 사춘기가 내게는 힘들었지만, 그걸 겪었기에 나의 경험으로 다른 분들을 위로할 수 있어서 다행이라는 생각이 든다. 내가 직접 그 일을 경험하지 않고 '이해한다', '그 아픔에 공감한다'고 하는 말은 맞지 않다. 그 상황에 닥쳐보지 않고서는 절대로 그 마음을 알 수 없기 때문이다.

이제는 학부모들 중에서도 나를 멘토라고 이야기하는 부모들이 생겨났다. 아이들에게도 학부모들에게도 좋은 정보를 제공해주고, 어려운 일이 생겼을 때 망설임 없이 찾을 수 있는 그런 맘 따뜻한 참 멘토가 되는 것이 나의 소망이다. 나를 통해 위로를 받는 학생, 학부모가 있다는 것이 참으로 감사하고 오늘도 이 사명을 감당하며, 즐거운 마음으로 이들을 만나고 있다.

오는 기회를 반드시 잡아라

리시포스라는 고대 그리스의 조각가가 있다. 그의 대표작 중에 기회의 신인 〈카이로스〉라는 조각상이 있다.

카이로스는 앞머리에 숱이 많고 발뒤꿈치와 어깨에는 날개가 달렸으며, 손에는 칼과 저울을 들고 있다. 이 조각을 본 사람들은 우스꽝스러운 모습에 웃다가 조각상 아래 시구를 보고는 깊은 울림을 받는다고 한다. 그 시구의 내용은 이렇다.

"너는 누구인가?

나는 모든 것을 지배하는 시간이다.

왜 앞머리가 머리 앞으로 내려와 있지?

내가 오는 것을 쉽게 붙잡을 수 있게 하기 위해서지.

그렇다면 왜 뒷머리는 대머리지?

내가 지나친 다음에는 누구도 나를 잡을 수 없기 때문이지.

발뒤꿈치와 어깨에는 날개가 달린 이유는?

최대한 빨리 왔다 빨리 사라지기 위함이지.

손에 칼과 저울을 들고 있는 이유는?

오른손의 칼은 옳다고 판단되면 칼 같은 결단 을 내려야 함이고, 왼손에 있는 저울은 그것이 왔을 때 옳고 그름을 가름하기 위함이지."

사람이 살아가면서 누구나 몇 번의 기회를 반드시 만나게 된다. 그런데 그 기회를 앞에 두고 있으면 긴 머리가 있기에 손쉽게 기회를 잡을 수가 있지만 한 번 기회를 놓치게 되면 발에는 날개가 달려있기에 쏜살같이 달아나고, 뒷머리는 대머리라서 지나가버린 기회는 다시 잡기가 어렵다는 것이다.

이 글을 읽으면서 정말 적절한 비유라는 생각이 들었다.

기회라는 것은 반드시 어느 누구에게든 찾아온다. 하지만 어떤 사람에게 찾아온 기회가 기회라는 것조차 인식하지 못하는 경우도 있고, 설사 기회가 내 앞에 오더라도 우물쭈물하다가 놓치는 경우도 있다. 2007년 내 인생의 터닝 포인트가 될 만한 기회가 찾아왔지만 그때는 그 기회를 내 상황 때문에 인정하지 못하고 1년이라는 시간을 흘려보냈다. 2008년 기회가 다시 찾아왔을 때 이제는 그 기회를 놓치지 않고 잘 잡아냈다. 기회는 찾아올 때 잡아야한다. 흘려보내면 물론 다시 기회는 찾아오지만 다시 찾아오기까지 그만큼의 시간을 낭비하게 되는 꼴이다.

이런 나의 경험이 있기에 주변의 사람들에게 기회가 오면 포기하지 말고 반드시 잡으라고 한다. 학생들의 경우에는 학교에서 이러한 기회가 오는 경우가 많다. 대표로 뽑혀서 어떤 일을 준비한다거나, 연수를 가는 경우이다. 귀찮다는 이유로, 더 많은 시간을 할애하는 게 싫어서 포기하려는 아이들이 있는데 나는 반드시 이 아이들에게 도전해보라고 권유한다. 어떤 일을 준비하는 과정은 당연히 힘이 들지만, 힘이 든 만큼 반드시 엄청난 성장이 이루어지기 때문이다.

강사들에게도 늘 당부하는 말이 있다.

"선생님. 선생님이 지금은 강사를 하고 있지만 언제 기회가 찾아올지 몰라. 기회가 찾아올 때 바로 잡을 수 있으려면 어떻게 해야 할까? 내가 준비가 되어 있어야 해. 내가 여러 면으로 준비가 되어 있지 않으면 기회가 온다 해도 잡을 수가 없어. 그렇다면 너무 억울하지 않을까? 그러니 지금에 만족하지 말고, 언제나 더 큰 기회가 올 때 꽉 잡을 수 있게 나 자신을 준비해둬."

지금 같이 근무를 하고 있는 강사 중 한 명이 처음 인터뷰를 왔을 때가 기억난다. 여러 가지 이야기를 나눈 후 꿈이 뭐냐는 질문을 했다. 이런 나의 질문을 들었을 때 당황해하는 표정이 역력했다.

"선생님, 이런 질문 받아본 적 없죠?", "네, 실은 처음이고 생각을 해본 적이 없는데…." 하고 말하며, 애써 생각을 해내려고 했다. 그러더니 한참 후에 '음….' 나중에 조그마한 공부방을 한번 해보고 싶어요."

"아! 그래요? 좋은 생각이에요. 만일 선생님이 이곳에서 근무를 하신다면, 선생님의 그런 꿈을 이룰 수 있도록 그간 제가 쌓아놓은 노하우를 공유해줄 수 있어요."

지금은 1년여 정도 근무를 함께하고 있는데, 늘 나를 보면 나이가 무색하게 에너지가 넘쳐서 20대인 자신이 부끄럽다고 말하곤 한다. 2년여의 경력이 있지만 나에게 지적도 많이 당했고 일처리를 완벽하게 요구하는 나 때문에 힘들어하는 날도 많았다.

나는 강사와 그 꿈을 위해서는 더더욱 제대로 된 일처리를 알려주고 훈련을 시키는 것이 나의 역할이라고 생각한다. 감사하게도 선생님은 이런 나의 의도를 이해해주고 지적해줄 때마다 기분 나빠하지 않고 나의 충고를 받아들였다. 그런 선생님과 얼마 전 꿈에 대해 다시 얘기를 나눌 기회가 있었다. 그랬더니 정말 흐뭇한 대답을 했다.

"원장님, 이제는 제 꿈이 공부방이 아니구요. 저도 원장님처럼 학원을 운영하고 싶어요. 물론 지금은 제가 그럴 수 없는 걸 알아요. 하지만 원장님 긴장하세요. 제가 원장님보다 더 큰 꿈을 꿀 거예요."

너무 감사하고 기분이 좋았던 기억이다. 내가 늘 '꿈이 있는 사람은 나이 들지 않는다, 꿈이 없어지는 순간이 늙는 거다'라는 말을 많이 해서인지 이제는 나에게 지지 않을 거라고 하는데, 그 말을 듣는 순간 기분이 너무 좋았다. 뿌듯했다는 표현이 더 맞을 거다. 사실 인터뷰 할 때도 꿈에 대해 한 번도 생각해본 적은 없는데 내가 꿈을 물으니 공부방이라도 하고 싶다고 말한 거라 했는데, 지금은 점점 꿈이 커져서 학원을 하고 싶다고 하니 정말 더 이상 바랄게 없다. 아마도 시간이 더 지나면 더 크고 멋진 꿈을 가질 거라 확신한다.

태도는 선택에 영향을 주고 선택은 결과에 영향을 미친다. 결국 우리의 현재와 미래는 모두 우리 자신에게 달려있다. 자신의 형편을 탓하며, 그 자리에 주저앉아 있다면 자신의 삶이 바뀔 가능성은 전혀 없다. 언젠가는 나에게 멋진 모습으로 다가올 내 인생의 기회를 위해서 나를 늘 단련하며 준비하는 모습이 중요하다. 이런 내 모습이 없이 내 삶이 바뀔 것이라는 소망만을 지니는 것은 위험하다.

얼마나 준비하고 대비하느냐에 따라 소중한 기회를 꽉 움켜잡느냐, 그냥 흘려보내느냐 하는 것이 결정된다. 다들 소중한 기회를 적절한 타이밍에 꽉 움켜잡아 멋진 성과를 내기를 바란다.

선한 영향력을 퍼트리는
사람이 되라

나의 직업은 분명 영어학원장이다. 하지만 나는 주변 사람들에게 꿈에 대해 자주 질문을 던진다. 그러면서 정말 본인이 일생 동안 하고 싶은 일이 뭔지, 진지하게 고민하고 있는지, 무슨 일을 할 때 가장 잘할 수 있고 행복할 수 있을지 생각하는 시간을 꼭 가져야 한다고 말한다.

만나는 아이들에게 늘 습관처럼 '너는 꿈이 뭐야?'라고 물어보면 대부분은 '꿈이 없다. 한 번도 생각해 본적이 없다'라고 쉽게 이야기 한다. 안타까운 생각이 든다. 어느 순간 주변인들에게 나라는 존재는 영어학원장이기는 하지만 아이들의 꿈에 더 관심이 많은 '꿈 멘토'가 되어버렸다.

어느 누군가가 나를 통해서 자신의 삶을 되돌아보고 계획하며 나아갈 수 있다면 그보다 더 행복한 일은 없다. 그저 평범하게 한순간을 살고자 했던 사람에게 목표를 던져주고, 더 나은 삶의 방향을 찾아갈 수 있도록 돕는 일은 정말이지 너무 행복한 일이다.

누구는 학원경영이나 잘할 것이지 오지랖 넓다고 말을 하기도 하겠지만, 어릴 적 특별한 멘토가 없이 지금 이곳까지 돌고 돌아서 나름 힘겹게 다다른 나로서는 길을 제시해주는 멘토의 중요성을 절감했다. 누군가가 나에게 인생의 로드맵을 조금이라도 제시해주고 도와줬다면 나의 길을 더 쉬웠을 거라는 생각에는 변함이 없다. 그래서 원생들이나 주변 사람들이 나로 인해 그 길을 조금이라도 곧게 갈 수 있다면 그건 정말 보람된 일이라 생각한다.

좋은 것을 만나면 나만 몰래 그 정보를 움켜쥐고 있는 일은 없다. 무엇이든지 좋은 정보를 만나면 다른 사람에게 전달해주고 싶은 생각이 간절해진다. 나는 당연히 알고 있는 정보를 다른 사람들은 접하지 못해서 모르는 경우가 많다. 대신 내가 확신이 없는 정보는 절대로 전달하지 않는다.

영어공부에 대한 좋은 방법도 특정 아이들에게 일정시간을 시도해보고 결과가 나와야 반드시 학원 전체로 확장한다. 책도 반드시 내가 먼저 읽어보고서야 권한다. 살아가기가 너무 바빠서 다른 일에 신경을 쓰기가 벅찬 지인들을 위해 내가 반드시 먼저 경험을 해본다.

우리 인생은 하나의 역경을 극복하고 나면, 또 다른 산이 나를 기다리고 있는 경우가 많다. 그럴 때 누군가 옆에서 내 고난에 귀기울여준다면 나는 힘을 낼 수 있었다. 한번은 언제부터 내가 이렇게 오지랖이 넓은 사람이 되었나 생각을 해보았다. 그런데 학창시절부터 그랬던 것 같다. 늘 친구들의 고민거리를 들어주고 같이 울어주는 그런 오지랖 넓은 학생이었으니까.

이런 사람과 만나라

내일을 이야기하는 사람과 만나라.

반드시 사랑할 것이다.

내 이야기를 잘 들어주는 사람과 만나라.

그 사람은 나를 치유해주는 사람이다.

자라는 식물과 대화하는 사람과 만나라.

사랑이 많은 사람이 될 것이다.

확신에 찬 말을 하는 사람과 만나라.

기준 잡힌 인생을 살 것이다.

부지런한 사람과 만나라.

풍요롭게 살아 갈 것이다.

살아있음에 감사하는 사람과 만나라.

온 주위를 따뜻하게 할 것이다.

아무리 작은 일도 소중하게 여기는 사람과 만나라.

가슴 따뜻한 이들이 몰려들 것이다.

생각만 해도 대단하다 싶은 사람과 만나라.

시대를 이끄는 사람이 될 것이다.

독서와 사색을 즐기는 사람과 만나라.

그 사람에게는 항상 배울 점이 많을 것이다.

침묵을 즐기는 사람과 만나라.

믿음의 사람들을 만나게 될 것이다.

언제나 밝게 웃는 사람과 만나라.

멀리 있는 복이 찾아 올 것이다.

얼마 전 누군가가 단체 카톡방에 올려준 글이다. '정말 이런 사람이 될 수 있다면 얼마나 행복할까.' 하는 생각이 들었다. 내가 가진 것을 나만이 향유하는 사람이 아닌 내가 가진 좋은 것을 주변에 물들여가는 그런 영향력 있는 사람이 되는 것이 나의 인생의 목표이다.

과거에는 나의 첫인상을 말해달라고 하면 "인상이 너무 강하다. 뭔가 너무 세게 보인다"라고 말했다. 에너지가 넘치는 것은 좋지만 인상이 너무 사나워 보이거나 강해 보인다는 말은 정말 싫었다. 내 성姓이 주는 편견으로 고집이 셀 거라고 늘 얘기하는 사람들의 이야기는 정말이지 듣기 싫은 말 1순위였다.

링컨은 "나이 40세가 되면 자신의 얼굴에 책임을 져야 한다"고 했다. 40세가 넘어가면서 늘 링컨의 이 말을 마음에 새겨두고 살았다. 아무리 내가 멋진 인격을 가지고 다른 사람에게 선한 영향력을 끼치고 싶어도 이런 것들이 절로 풍겨나지 않는다면 뭔가 좀 아이러니하다는 생각이 들었다. 그래서 여럿이 의견을 조율할 일이 있을 때도 쓸데없는 일에 나만의 주장을 고집하려 하지 않았다. 하지만 내가 하고자 하는 일은 충고는 받아들이되 반드시 소신을 가지고 진행했다.

잘 웃었기에 웃는 얼굴이 너무 보기 좋다는 이야기는 많이 들었다. 또한 평생 인맥이 매우 중요하다고 생각했기에 한 번 관계를 맺은 사람들은 별 다른 이유 없이는 그 관계를 꾸준히 이어나갔다. 다양한 사람들과의 만남이 있기에 가끔은 그들에게서 내가 에너지를 얻기도 하고, 또 힘들어하는 지인들이 SOS를 보낼 때는 만나서 위로를 해주기도 한다. 어떤 사람이 미켈란젤로에게 "어떻게 다비드상처럼 아름다운 조각을 완성할 수 있었냐?"고 묻자 그는 "아름답게 조각하려고 한 게 아니라 그저 조각상에서 불필요한 부분을 제거하니 이렇게 아름다운 조각이 완성되었다"라고 대답했다.

나의 모습과 성향을 한꺼번에 바꾸는 일은 무척이나 어려운 일이다. 타고난 사람들의 기질은 쉽게 바뀌지 않는다고 한다. 하지만 모든 것은 훈련을 통해서 어느 정도는 가능하다. 학원사업을 시작하면서 다양한 성향의 사람들을 만나 부딪히다 보니 나의 강하고 모난 부분이 많이 깎이면서 감사하게도 좋은 모습으로 조금씩 변해가고 있다.

10여년 전 학원을 시작할 때는 그저 영어를 잘 가르치는 유능한 강사, 원장이 되는 것이 나의 목표였다. 그래서 아이들을 어떻게 하면 우수한 아이들로 성장시킬까 늘 가르치는 방법과 학원시스템을 고민했다. 덕분에 아이들은 화순 지역에서 우수한 영어 인재들로 성장했고, 영어를 잘하는 아이들을 키우는 학원으로 자리매김했다. 하지만 이제는 그저 영어만 잘하는 아이들을 양성하는 학원이 되고 싶지 않다.

영어 뿐만 아니라 아이들의 인성, 꿈, 미래를 함께 고민하며, 그들이 이 사회에서 인정받는 인재로 성장하기 위해 하나하나 좋은 도구를 장착시켜주는 유익을 끼치는 학원이 되고 싶다.

그래서 영어공부뿐 아니라 기본적인 학습태도를 하나하나 코칭해주고, 아이들의 인성에도 꾸준히 관심을 가지며, 부모들의 도움 없이도 자기주도적으로 학습할 수 있는 아이들로 성장하는 일을 돕고 있다. 아이들에게 늘 독서와 시간관리를 강조하는 것도 그런 이유이다. 내가 독서를 통해 많이 변화되었고, 도움을 받았기에 아이들에게 독서는 정말 유익한 것이라고 늘 이야기한다. 실제로 성공한 사람들은 모두 독서광이었다. 아이들에게 "책을 보는 습관은 꼭 키워야 한다. 네가 훌륭한 인재가 되기 위해서는 성인이 되어서까지도 독서하는 습관을 버려서는 안 된다"고 말한다.

이제 사람들은 나를 떠올리면 '긍정 마인드', '넘치는 에너지', '넓은 인맥', '영향력'을 떠올린다고 한다. 학원생, 학부모, 지인들이 우울할 때, 힘이 필요할 때 나를 찾는 이유도 대화 가운데 힘을 얻고 위로가 되기 때문이라고 말한다. 개원 때는 나를 의심의 눈초리로 지켜보던 학부모들도 이제는 내 진심을 알아주며, 내가 하는 일에 전적으로 신뢰감을 표시해주신다. 늘 문자든, 간식이든, 선물이든 어떠한 모습으로든지 응원과 힘을 실어주신다.

학원사업뿐 아니라 내가 퍼트리는 나름의 문화, 독서, 바인더 등을 통해서 그들이 도움을 얻고 도전을 받으며 나를 멘토라고 고백하는 이도 많이 생겨났다. 감사하지 않을 수가 없다.

" 내가 뿌린 씨앗의 열매가 남의 나무에서 열매 맺혀지게 하라. 공부해서 남을 주자"라고 3P 강규형 대표님은 늘 말씀하신다. 나 역시 내가 가진 좋은 것들과 배운 것들을 공유했고, 이제는 아이들에게 공부해서 너만 좋은 직업을 갖고 성공하려고 하지 말고 남에게도 선한 영향력을 미치는 사람이 되라고 얘기해주고 있다. 내가 가진 자그마한 신념의 씨앗이 화순이라는 지역에서 이제 점점 여러 가지 형태로 열매를 맺어가고 있다. 이를 볼 때마다 마음속에서 벅찬 감동이 올라온다.

우리 모두는 자신만의 독특한 재능을 가지고 있다. 자신이 생각하기에 너무 단순하고 과연 나의 이런 재능이 다른 사람에게 무슨 도움이 될 수 있을까 생각할 수 있지만 그건 본인의 생각일 뿐이다. 내가 나의 자그마한 것을 다른 사람들을 위해 나눌 때 그 파급력은 놀랄 정도로 나타난다.

자신이 가지고 있는 좋은 것들을 다른 사람을 위해 망설이지 말고 아낌없이 공유하라!

여러분이 상상할 수 없을 정도의 놀라운 열매로 맺혀질 것이고, 그렇게 함으로써 여러분의 주변이 서서히 아름답게 변해가는 것을 경험할 수 있을 것이다.

놀라운 가능성을 가진 그대,
도전하라!

빈털터리였던 두 아이의 엄마. 시골에서 누구나 다 망할 거라고 만류했던 학원을 차렸던 학원장. 10년 전 나를 가장 잘 나타내주는 수식어들이다.

최고의 성과를 내는 학원장들, 대형 규모를 자랑하는 학원들은 참많다. 그들에 비하면 지금의 나의 모습, 나의 성과는 보잘 것 없는 것일 수도 있다. 그럼에도 불구하고 내가 이 책을 쓴 이유는 내가 아무것도 없이 학원사업을 시작했고, 나름 안정된 지금의 모습이 되기까지 내가 겪었던 온갖 에피소드를 들려주고 싶었기 때문이다.

읽는 분들 중 몇몇은 코웃음을 치는 사람도 있을 것이고, 그저 한 원장의 하소연쯤으로 보는 이들도 있을 것이다. 하지만 한 명이라도 나의 책을 통해 자신이 하고 싶은 일에 도전을 하고, 망설이고 있던 일에 한 발짝 다가설 수 있다면 나는 그것으로 만족한다.

책을 쓰면서 10년 동안의 나의 학원 생활을 되돌아보는 것도 무척 즐거운 일이었다. 시간이 지날수록 사람의 기억은 퇴색되기 마련인데, 10년 전 학원을 시작해보기로 마음먹은 그날, 우여곡절이 많았던 개원 과정, 학원 아이들과의 소중한 추억 등을 되짚어 볼 수 있어서 좋았다.

사람이 살아가면서 무언가 목표를 갖고, 꿈을 꾸고, 그 꿈을 성취하기 위해 노력하는 것은 매우 귀한 일이다. 하지만 현실이라는 벽에 부딪쳐 자신의 꿈을 쉽게 버리고 '할 수 없다'라는 스스로의 한계를 만든다. 빈털터리였던 내가 꿈을 꾸고 그 꿈이 언젠가는 이루어지리라는 생각을 버리지 않았기에 오늘의 내가 존재한다. 지금의 나는 그전보다 나은 환경에서 그전보다 더 진보된 꿈을 꾸고 있다.

그저 '하고 싶다'라는 의지 하나로 학원을 시작한 5년여의 시간은 내게 참 힘든 시간이었다. 경영자로서 자질이나 전문 지식도 없었기에, 문제점이 생기면 뭘 어떻게 해결해야 할지도 모르는 막막한 상황에 좌절할 때가 많았다. 학부모들의 사소한 컴플레인, 아이들과의 해프닝으로 새벽까지 아무도 몰래 흐느끼며 잠 못 이루던 날이 하루 이틀이 아니었다. 순자본이 전혀 없이 모두 빚으로 시작한 일이라 나를 누르는 압박이 너무 컸던 이유였을 것이다.

하지만 고민만 하고 있다고 해서 상황이 나아지지는 않았다. 성공한 사람들의 책을 읽고, 성공한 CEO들을 만나서 대화하는 가운데 서서히 답을 찾아가고, 잦은 시행착오를 거쳐 이제는 제법 시스템을 갖춘 학원의 모습을 갖추게 되었다. 문제는 '피해가는 것이 아니라 정면으로 부딪쳐가면서 답을 얻어가는 것이다'라는 것을 학원을 운영하면서 알긴 했지만, 막상 내가 그런 원장이 되기까지는 마음고생도 많았고, 꽤 많은 시간도 필요했다.

누구나 학원을 경영하면서 한 번쯤은 닥쳤을 어려움들이라 하면 학생들과의 갖은 해프닝, 학부모와의 갈등, 강사관리, 경영의 어려움 등일 것이다. 밤을 새워 고민하고, 탈모가 올 정도로 나를 괴롭히던 여러 가지 일들이 시간이 지나고 연륜이 쌓이자 언제 그랬냐는 듯 초연해졌다. 지금은 웬만한 일로는 스트레스를 받지 않는다. 10년차 경영자가 되고 보니 나름 나를 향한 질문들이 생겨난다.

'더 할 수 있는데 안주하고 있지는 않는지?'

'정말 이대로 만족하는지?'

현실에 안주하고서는 이 급변하는 교육시장에서 살아남을 수 없다. 10년이 되는 올해, 이것저것 고객 입장에서 모색을 꾀해보고, 더욱더 고객을 만족시킬 다양한 방법을 강구하는 기회로 삼아야겠다. 현실에 안주하는 순간 모든 것은 끝이 난다. 주변에서는 이제 그만 지금의 상황에 감사하고 만족하라고 한다. 더 이상 무언가 새로이 시작하는 것은 멈추라고 한다. 나이가 들어가는데 언제까지 새로운 모험을 시도할거냐고 한다.

"사람은 나이를 먹어서 늙는 게 아니라 꿈을 잃을 때 비로소 늙는다"라는 말이 있다. 내가 새로운 목표를 설정하지 않고, 현실에 안주하며 사는 순간 늙어가는 것이다. 세계적인 치킨 프랜차이즈 KFC의 창업주 커넬 샌더스가 1008번의 거절 끝에 KFC 1호점을 오픈한 것은 그의 나이 68세 때였지 않은가.

짐론의 《내 영혼을 담은 인생의 사계절》에는 "인간에게는 '보다 나은 삶'을 개척하는 데 필요한 모든 수단이 주어져 있다. 무엇보다 그 지적 가능성에는 한계가 없다. 우리에게 주어진 유일한 한계는 자신의 타고난 능력이 무한하다는 사실을 깨닫지 못하는 것뿐이다. 깜짝 놀랄만한 당신의 무한한 능력을 인식하려면 노력이 필요하다"라는 부분이 있다. 우리 모두는 어마어마한 잠재력을 우리 안에 지니고 있지만 그저 그 가능성을 모를 뿐이다. 한 번도 꿈을 향해 도전해보지 않았기에 그 힘을 모르고 있을 뿐이다.

매일매일 생각만 하는 것은 이제 그만하라. 자신이 가진 놀라운 힘을 믿고, 소원하는 바를 꼭 한 번은 도전해보기 바란다. 여러분은 모두 무한한 능력을 가진 존재라는 것을 잊지 말기를 거듭 부탁한다.

실패할 수도 있지만 그다지 큰 흠은 아니다. 처음부터 성공하지 못할 수도 있지만, 실패를 통해 당신은 성공으로 나아가는 더 나은 방법들을 알게 될 것이고 더 단단해질 것이다. 당신이 도전을 시작할 때 모든 것이 당신의 성공을 위해 움직이기 시작할 것이다. 그런 당신을 전심으로 응원하며 박수를 보낸다.

감사할 분들이 너무나 많다. 내 삶의 주인되시는 하나님 아버지, 나의 가족들, 기도의 동역자들, 응원해준 친구들, 지인들께 일일이 찾아 뵙고 인사를 드려야 하나 이 지면을 통해 감사를 전한다.

오늘의 나를 있게 한 3P자기경영연구소 강규형 대표님과 스텝들, 3P에서 만난 귀한 선배들, 내게 원장이라는 타이틀을 선물해준 사랑하는 이보영토킹클럽 화순어학원 아이들, 무한한 신뢰로 대하시는 학부모님들 그리고 이보영토킹클럽의 이보영 선생님, 평범한 학원장을 작가의 길로 들어가게 해주신 열정 메이커 이은대 작가님께도 진심으로 감사드린다.

마지막으로 늘 학원일에 바빠서 엄마 노릇을 제대로 하지 못하지만, 부족한 엄마를 믿어주고, 자랑하고, 믿음 안에서 든든하게 성장하고 있는 나의 사랑하는 세 딸 세인, 인서, 은재에게 갑절의 특별한 사랑과 감사를 전한다.

강은영 Dream